Franz Beckenbauer Fußballschule

Technik
Tricks
Training

C. Bertelsmann Verlag

Bildnachweis:
Bernd Elsner (4); Dieter Fricke Bild (2);
Franz Wöllzenmüller (5); Fred Joch (11);
Horst Müller (1); Max Mühlberger (7);
Sven Simon (1); VSW (8); Werek (3).

© 1977 C. Bertelsmann Verlag GmbH, München/54321
Graphische Konzeption und Schutzumschlag:
Franz Wöllzenmüller
Zeichnungen: Adolf Böhm
Gesamtherstellung Reinhard Mohn OHG, Gütersloh
ISBN 3–570–07073–5 · Printed in Germany

Inhalt

I. TECHNIK UND KONDITION

Dribbling 6 – Doppelpaß 8 –
Torschuß 11 – Kopfball 12 –
Ballan- und -mitnahme 14 –
Stoßarten 16 – Ausdauer 19 –
Schnelligkeit 21 – Kraft
und Schnellkraft 23 –
Gewandtheit 25

II. TAKTIK

1. Abwehrspiel
Nachsetzen 29 – Hinhaltender
Widerstand 31 – Manndek-
kung 33 – Raumdeckung 34 –
Angriff auf Mann und
Ball 36 – Torwart 38 – Ver-
teidiger 41 – Vorstopper 42 –
Libero 45 – Mittelfeldspieler
in der Abwehr 46

2. Angriffsspiel
Freilaufen 49 – Spiel ohne
Ball 51 – Ballhalten 53 –
Seitenwechsel 55 – Steil-
paß 57 – Alleingang 58 –
Tore zählen 60 – Mittelfeld-
spieler im Angriff 62 –
Außenstürmer 65 – Mittel-
stürmer 67

III. FUSSBALL-REGELRECHT

Der Ball 69 – Zahl der Spieler
69 – Ausrüstung der Spieler 69 –
Das Spielfeld 71 – Der Schieds-
richter 71 – Die Linienrichter 71 –
Dauer des Spiels 72 –
Spielbeginn 72 – Ball in
und aus dem Spiel 72 – Wie
ein Tor erzielt wird 72 –
Abseits 72 – Verbotenes
Spiel und unsportliches
Betragen 73 – Freistoß (direkt
und indirekt) 76 – Straf-
stoß 76 – Einwurf 77 –
Abstoß 77 – Eckstoß 77

FUSSBALL-ABC 78

Zum Verständnis der Zeichnungen:

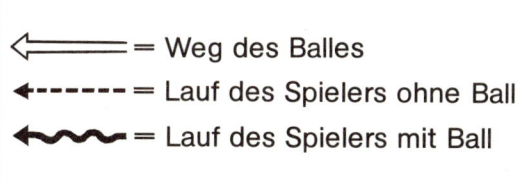

= Weg des Balles
= Lauf des Spielers ohne Ball
= Lauf des Spielers mit Ball

Liebe Fußball-Freunde!
Wie es angefangen hat, weiß niemand genau. Mit etwas Phantasie und ein wenig Erfahrung kann ich mir aber vorstellen, wie es gewesen sein könnte.

Eines schönen Tages kam ein Junge daher und erblickte einen verlockend runden Stein, groß wie eine Kastanie – oder war es gar eine Kastanie, die er fröhlich mit dem Fuß vor sich herstieß? Das machte so viel Spaß, daß er es immer wieder tat, bis ein anderer Junge auftauchte und die Kastanie zurückstieß. So ging es verbissen hin und her, und das war das erste Fußballspiel.

Mit dem DRIBBLING muß es angefangen haben. Im modernen Fußball spielt es wieder eine große Rolle: den Ball halten, bis ein Mitspieler freigelaufen ist, den Gegner austricksen, um einen Mitspieler freizuspielen, oder auf eigene Faust davonziehen und den Ball ins Tor schießen. Das ist gut.

Und so wird's geübt:
1. Jeder Junge spielt mit einem Ball. Das kann ein Tennis-, Gummi- oder Plastikball

Dribbling

und muß nicht unbedingt ein
richtiger Fußball sein. Wichtig
ist, daß jeder einen Ball hat.
Alle dribbeln durcheinander.
»Augen auf im Verkehr«,
Umschau halten, Zusammen-
stöße vermeiden, hellwach
sein, täuschen, Richtung und
Tempo wechseln, nach Her-
zenslust dribbeln.

2. Im Abstand von zwanzig
Schritten steht je ein Junge
mit weit gespreizten Beinen.
Das sind zwei »Tore«. Zwei
andere Jungen spielen ge-
geneinander. Nach jedem erzielten Tor wechseln Spieler
und »Tore«.

3. Kleines Spielfeld, zwei 5-
m-Tore, zwei Torleute. Drei
gegen vier. Die drei Spieler
sollen und müssen dribbeln.
Die vier dürfen den Ball nur
zweimal (oder dreimal) hin-
tereinander berühren. Das ist
am Anfang gar nicht so einfach. Doch Übung macht den
Meister.

Schaut her, wie wir es machen: Wenn ich aus dem Mittelfeld mit dem Ball am Fuß nach vorn presche, liegt GERD MÜLLER vor dem gegnerischen Strafraum auf der Lauer und beobachtet Gegner und Mitspieler. Plötzlich rennt er los, schlägt Haken, schüttelt seinen Gegenspieler ab und kommt mir entgegen. Genau im richtigen Moment spiele ich ihm den Ball zu und spurte. Gerd läßt den Ball abprallen und bringt mich zum Schuß. Oder er sprintet nach seinem Rückpaß in Schußstellung, und ich setze ihn ein.

Wieviel Tore GERD MÜLLER und ich mit Doppelpässen vorbereitet und erzielt haben, weiß ich beim besten Willen nicht mehr. Wir haben sie nicht gezählt. Unsere großen Erfolge aber werden wir nie vergessen: Die Deutschen Meisterschaften 1969, 1972, 1973, 1974, die Deutschen Pokalmeisterschaften 1966, 1967, 1969, 1971, den Europa-Pokal der Pokalsieger 1967, die drei Europa-Pokale der Landesmeister 1974, 1975, 1976 und mit der deutschen Nationalmannschaft den dritten Platz bei der

Weltmeisterschaft 1970 in Mexiko, die Europameisterschaft 1972 und die Erringung der Weltmeisterschaft 1974 in »unserem« Olympia-Stadion in München. Eine stolze Serie, und immer war der Doppelpaß im Spiel. Wir haben ihn zu einer scharfen Waffe geschliffen.
Mein erster Doppelpaß-Partner in der Nationalmannschaft war mein Freund HELMUT HALLER, mit dem ich 1966 bei der Weltmeisterschaft in England das Zimmer teilte. Wir verloren das Endspiel in der Verlängerung

Doppelpaß

gegen die Engländer 2:4. Zwanzig Jahre war ich jung und schoß als Mittelfeldspieler in sechs Spielen vier Tore. Mein erstes gegen die Schweiz nach einem Doppelpaß mit HELMUT HALLER und einem zweiten Doppelpaß mit UWE SEELER. Wir gewannen 5:0.

Das sollte euch überzeugen, den Doppelpaß zu üben – oder nicht?

Beim Spiel zwei gegen einen auf zwei kleine Tore mit Torleuten geht es am besten. Die Zweier-Mannschaft übt alle Arten von Doppelpässen. Der einzelne Spieler, auf sich allein gestellt, dribbelt.

Einige Beispiele:

1. Die bewachte Angriffsspitze löst sich vom Gegner und eilt dem Mitspieler entgegen, wird angespielt, läßt den Ball abprallen und stürmt davon. Der Mitspieler schickt das Leder direkt hinterher. Schub-schub-schub ist der Rhythmus.

2. Dieselbe Ausgangsstellung. Wieder läßt die zurückgekommene Angriffsspitze den Ball abprallen. Schub-schub heißt das. Aber dann prescht der zurückhängende Spieler vor, nimmt den Ball auf, dribbelt und schießt.

3. Nach dem ersten Paß läßt die Angriffsspitze den Ball nicht abprallen, sondern nimmt ihn in der Drehung mit und läßt den verdutzten Abwehrspieler stehen.

1

Das ist ein besonderes Kapitel. In der Steinzeit des Fußballs vor vielen Jahren bestand die Hälfte des Trainings aus Torschußübungen und die andere Hälfte aus einem Spielchen auf zwei Tore. Und so verkehrt, wie es heute klingen mag, war das gar nicht. Bestimmt waren die Spieler mit Feuereifer bei der Sache.

Sicher gehören viele andere Fertigkeiten zum guten Spiel, die intensiv geübt werden müssen. Deshalb habe ich mich darangesetzt, dieses Buch für euch zu schreiben. Aber es gibt Leute, die vor lauter Bäumen den Wald nicht sehen. Dabei ist die Sache denkbar einfach. Wir wollen besser Fußball spielen. Also schauen wir uns ein Wettspiel an und lernen davon, was und wie wir zu trainieren haben.

Der Torschuß ist der Weisheit letzter Schluß. Wer mindestens ein Tor mehr erzielt als die Gegenmannschaft, gewinnt. Darauf kommt es an, und deshalb trainieren wir immer wieder, aus allen Lagen zu schießen.

1. Alle Spieler, jeder mit Ball, im Mittelkreis; am Strafraum ein Mitspieler als Anspielstation; im Tor der Torwart. Einer nach dem andern spielt den vorderen an, der legt zum Schuß auf. Alle möglichen Schußarten, daß die Fetzen fliegen.

2. Aus dem Mittelkreis starten die Spieler nacheinander und spielen sich mit zwei Doppelpässen an den Strafraum heran. Von dort wird gezielt geschossen. (Siehe Zeichnung *unten links*.)

3. Ein Torwart, drei Abwehrspieler, drei Angreifer vom Spielmacher ins Gefecht geschickt. Wir lernen wettkampfgemäß Tore schießen und spielen unsere Angriffsreihe ein. Torwart und Abwehrspieler verteidigen. Gehaltene oder eroberte Bälle schnell zum Spielmacher, nächster Angriff. (Siehe Zeichnung *unten*.)

2

Fußball wird nicht nur am Boden gespielt. Das ist eine alte Erkenntnis, die im modernen Spiel von spielentscheidender Bedeutung ist. Spätestens seit dem Europapokal-Endspiel 1975, das wir in Paris gegen LEEDS UNITED 2:0 gewonnen haben, können wir ein Lied davon singen. Die Engländer spielten ihre kopfballstarken Angriffsspitzen CLARKE und JORDAN aus dem Mittelfeld und über die Flügel regelmäßig hoch an. Wir waren gut

Kopfball

darauf vorbereitet und gewannen die meisten Zweikämpfe in der Luft. Bälle, die RAINER ZOBEL und KATSCHE SCHWARZENBECK nicht aus der Gefahrenzone beförderten, fing ich ab oder konnte sie beruhigt SEPP MAIER überlassen.

Kopfballtraining zahlt sich für jeden Spieler aus, egal ob er im Angriff oder in der Abwehr seinen Mann steht. Viele hundert Stunden sind notwendig. Wenn ihr es aber einmal so beherrscht wie UWE SEELER, BERTI VOGTS und andere bekannte Nationalspieler, macht es euch ebensoviel Freude. Das ist sicher.
Also, nicht locker lassen und immer wieder aufs neue:

Flugbahn des Balls beobachten, aus der Bewegung senkrecht hochspringen, in der Luft »stehen«, den Körper wie einen Bogen spannen und dann mit der Stirn zuschlagen. Augen auf, Nacken steif und den Ball dorthin spielen, wo er hingehört – weit weg vom eigenen Tor, zum Mitspieler, ins gegnerische Tor.

Der Ball ist der springende Punkt in unserem Spiel. Um ihn dreht und bewegt sich alles. Er rollt, fliegt, springt, wechselt Tempo und Richtung und muß doch im schnellen Lauf und im Kampf mit dem Gegner beherrscht werden.

Mich ärgert es mächtig, wenn Bälle verlorengehen und Tore verpaßt werden, weil Spieler den Ball nicht sicher an- und mitnehmen können. Beobachtet einmal selbst, wie oft

Ballan-und-mitnahme

das geschieht. Dann werdet ihr bestimmt die Ballan- und -mitnahme im Training so oft üben, daß es auch im Spiel gelingt.

Folgende Grundsätze sind zu beachten:

1. Lauft dem Ball entgegen und wartet nicht stehenden Fußes auf ihn.

2. Laßt keinen Ball springen, sondern nehmt ihn spätestens beim Aufspringen an und mit.

3. Bereitet den Ball für die kommenden Absichten vor. Wollt ihr zuspielen, flanken oder schießen, legt ihn euch

dafür zurecht und handelt schnell.

Die jeweils beste Technik richtet sich nach der Flugbahn des Balls und eurem Vorsatz. Flache Bälle werden mit der großen Fläche der Innen- oder Außenseite des Fußes mitgenommen. Der Gegenspieler wird durch geschmeidige Körpertäuschungen abgelenkt. Einfallende Bälle werden im Augenblick des Aufspringens mit der Sohle, der Innen- oder Außenseite oder auch mit dem Unterschenkel angenommen. Flugbälle stoppen wir in der Luft vor, und zwar mit dem Kopf, der Brust, dem Oberschenkel oder auf dem

Fuß. Beim Aufspringen nehmen wir sie sofort mit und lassen sie nicht unnötig springen.

Beim Trainingsspiel auf ein Tor können wir es wettkampfgemäß üben. Drei Angreifer werden von drei Abwehrspielern bewacht und von einem Spielmacher eingesetzt. Das Zuspiel wechselt. Auf flache Bälle folgen halbhohe und hohe. Die Angreifer üben sich im An- und Mitnehmen, im Zusammenspiel und Toreschießen. Die Abwehrspieler, unterstützt vom Torwart, verteidigen und spielen die Bälle zum Spielmacher zurück.

Stoßarten

Der Junge, mit dem alles angefangen hat, stieß den verlockend runden Stein wahrscheinlich mit der Stiefelspitze, wie es alle Anfänger tun. Gute Fußballspieler benutzen heute alle Flächen des Fußes: Die Innen- und Außenseite, den Fußrücken, den wir Spann nennen, die Ferse und unter Umständen auch die Fußspitze. Damit vollbringen sie verblüffende Stöße. Sie können den Ball flach, halbhoch oder hoch auf den Weg schicken, ihn so anschneiden, daß er eine Rechts- oder Linkskurve beschreibt, oder mit Rückeffekt ausstatten, so daß er beim Aufspringen wie ein Bumerang zurückkommt.

Das kann man alles lernen. Wer Talent hat und fleißig ist, kommt bald hinter die Geheimnisse des genauen Zuspiels und gezielten Schießens.

Die Stellung zum Ball spielt dabei eine entscheidende Rolle. Standbein neben dem Ball sorgt für flache Schüsse. Stehen wir weiter weg, steigt der Ball. Treffen wir ihn in der Mitte, fliegt er geradeaus. Treffen wir ihn links oder rechts von der Mitte, weicht er nach rechts oder links aus.

Wichtig ist: erst das Ziel anvisieren, dann auf den Ball schauen, das Fußgelenk fest stellen, den Unterschenkel anheben, den Ball sauber treffen und ihm die gewünschte Fahrt mitgeben.

Im Länderspiel gegen die UdSSR im August 1973, das wir 4:1 gewannen, mache ich es vor. Mein rechtes Standbein steht mit der Stiefelspitze neben dem Ball und trägt mein Körpergewicht. Das linke Schußbein ist im Knie gebeugt und der Fuß gestreckt. Das Fußgelenk ist hart gespannt. Meine Augen sind auf den Ball gerichtet, damit ich ihn auf den Punkt genau treffe.

Ausdauer

Das Foto wurde vor Beginn der Verlängerung im Endspiel um die Europameisterschaft 1976 in Belgrad geschossen. Wir waren erschöpft und ausgebrannt und hatten trotzdem noch 30 Minuten durchzustehen. Im ersten Spiel konnten wir den Gastgeber Jugoslawien erst in der Verlängerung in die Knie zwingen. Wir gewannen 4:2. Gegen die Tschechoslowakei stand es nach 90 Spielminuten wiederum 2:2, und wir mußten die letzten Kräfte anspannen. Leider verloren wir dann das Elfmeterschießen.

Wenn von Ausdauer die Rede ist, muß ich an diese beiden Wettkämpfe denken, die uns alles abverlangten. In drei Tagen zweimal 120 Minuten Tempo-Fußball spielen, fordert wirklich das Letzte an Willenskraft und Ausdauer. Beides muß und kann man trainieren.

Die ALLGEMEINE AUSDAUER von Herz und Kreislauf steigern wir mit langen Läufen. Zwölf Minuten laufen wir und messen die Strecke ab, die wir in dieser Zeit zurückgelegt haben. Mit der wachsenden Ausdauer wird das Tempo schneller und die Strecke länger. Im Wald macht das mehr Freude als auf der Aschenbahn.

Zur Verbesserung der SCHNELLIGKEITSAUSDAUER großer Muskelgruppen spielen wir zwei gegen zwei im begrenzten Feld mit vier Spielern als Eckpfosten. Spielzeit neunzig Sekunden. Dann wechseln Spieler und Eckpfosten. Zehnmaliger Wechsel. Wir üben Dribbeln und Doppelpässe. Die Eckpfosten werden ebenfalls angespielt und können untereinander zusammenspielen. Das schlaucht, kann ich euch sagen. Besser trainieren kann man nicht. Das wissen wir aus Erfahrung.

Die Ausdauer des Fußballspielers ist nicht vergleichbar mit der eines Langstreckenläufers. Das Fußballspiel stellt andere und ganz besondere Anforderungen. Der ständige und unregelmäßige Wechsel von Gehen, Laufen, Sprinten, Stoppen, Wenden, Drehen und Springen, Dribbeln, Schießen, Köpfen, Rempeln, Fallen, Rollen und Wiederaufstehen kann nur unter wettspielgemäßen Bedingungen trainiert werden. Mit anderen Worten: Besser Fußballspielen lernt man nur durch Fußballspielen.

Schnelligkeit

Die Abwehr im modernen Fußballspiel ist ein starkes Bollwerk. Jeder Abwehrspieler bekämpft den Gegenspieler und deckt dem Mitspieler den Rücken. Raum und Zeit werden für den Angreifer eng und kurz. Wer sich durchsetzen will, muß schnell schalten, fix auf den Beinen und gut am Ball sein. Träumer, langsam zu Fuß und ungeschickt am Ball, sind fehl am Platz. Das Training der Schnelligkeit und Spritzigkeit ohne und mit Ball wird immer entscheidender für den Erfolg. Wer zuerst kommt, spielt zuerst und bestimmt den Spielrhythmus.

1. Die Mannschaft trabt in einer langen Reihe über das Spielfeld. Jeweils der letzte Spieler überholt alle übrigen und setzt sich im Spurt an die Spitze.

2. In derselben Ordnung halten die Spieler Abstand. Jeweils der letzte sprintet im Slalom an die Spitze der Mannschaft.

3. Im begrenzten Feld spielen wir Fangen, wie wir es auf dem Schulhof getan haben. Viele Möglichkeiten:

Ein Fänger jagt die anderen, ein Abschlag genügt, neuer Fänger.

Die Mannschaft in Paare eingeteilt,
ein Fänger, ein Läufer, nach dem dritten Abschlag wird gewechselt.

Dreier-Gruppen,
der erste jagt den zweiten, der dritte erholt sich und so weiter.

4. »Katz und Maus«,
jeder mit Ball dribbelt auf der Stelle; kurzer Paß und Sprint über 5, 10, 15 bis 30 m.

5. Parteispiel fünf gegen fünf ohne Tore mit nur zwei Ballberührungen. Tempo – schnell denken, laufen, spielen – heißt die Parole.

Kraft und Schnellkraft

Über Geschmack läßt sich nicht streiten, heißt es. Jeder hat sein eigenes Schönheitsideal. Das ist richtig und trifft auch auf das Fußballspiel zu. Manche mögen es brasilianisch heiß. Sie verzaubert der Tanz mit dem Ball. Andere schwören auf Fußball-Schach. Sie studieren Spielzüge und -systeme und werden angeregt von der taktischen Auseinandersetzung der Trainer und Mannschaften. Der Fachmann weiß, daß technische Feinheiten und taktische Klugheit nicht ausreichen, gut und erfolgreich Fußball zu spielen. Wer schön Fußball spielen will, muß sich zunächst kämpferisch behaupten und durchsetzen. Fußball ist ein Kampfspiel. Kraftvoller Körpereinsatz gehört dazu. Muskelkraft brauchen wir beim Sprinten, Springen, Schießen, beim Kopfballspiel und Rempeln und nicht zuletzt auch zur Verhütung von Verletzungen. Krafttraining gehört deshalb zu unserem Programm.

1. Zwei Spieler trainieren einander gegenseitig. Der eine schnellt aus der Bauchlage hoch und springt zum Kopfball. Der andere wirft den Ball sprunghoch zu. So geht es zehnmal auf und ab. Dann wird gewechselt. Mit drei Durchgängen fangen wir an. Wenn wir fünf und später zehn Wiederholungen schaffen, haben wir nicht nur Kraft und Schnellkraft, sondern auch Schnelligkeitsausdauer trainiert.

2. Unsere Medizinbälle wiegen 3 kg. Wir üben und spielen oft damit. Aus der Rückenlage, Beine gestreckt angehoben, Arme lang, Medizinball in beiden Händen, richten wir uns in den Sitz mit angezogenen Beinen auf. Das wird zur Kräftigung der Bauchmuskulatur so oft wiederholt, wie wir es schaffen.

3. In der Bauchlage werden die Beine angehoben. Mit den Medizinbällen in beiden Händen wiegen wir auf und ab. Große Bauchwiege nennt man das.

4. Mit dem Partner auf dem Rücken laufen wir von der Torlinie bis zur Mittellinie um die Wette. Dort wechseln Pferd und Reiter, und im Galopp geht's zurück.

5. Mit dem Partner auf dem Rücken wird Fußball gespielt.

Gewandtheit

Technik und Kondition sind die Voraussetzungen zur Erfüllung der taktischen Aufgaben im Wettspiel. Wer Schwierigkeiten am Ball hat oder vorzeitig abbaut, kann in Abwehr und Angriff seinen Mann nicht stehen. Deshalb müßt ihr täglich mit dem Ball spielen und ausdauernd, schnell, stark und gewandt werden.

Was Gewandtheit bedeutet und wie notwendig sie ist, könnt ihr in jedem Fußballspiel beobachten. SEPP MAIER nennen wir nach seinem Wohnort »die Katze von Anzing«. Wie er springt, fliegt und landet, ist gewandt. Wie GERD MÜLLER sich auf engstem Raum dreht, JÜRGEN GRABOWSKI dribbelt, BERND HÖLZENBEIN fällt, BERTI VOGTS reingrätscht, unser junger KARL-HEINZ RUMMENIGGE zum Kopfball steigt oder die Volleyschüsse von KLAUS FISCHER – das ist Gewandtheit.

Gute Fußballspieler sind gewandt. Sie beherrschen Körper und Ball in allen Lagen. Was das heißt, zeigt überzeugend unser Foto, das im Weltmeisterschaftsendspiel 1974 geschossen wurde. Wir lagen 2:1 in Führung, und Holland drängte in den letzten 15 Minuten mit aller Macht auf den Ausgleich. Unsere Abwehr stand unter Druck, und oft hatten wir keine andere Wahl, als den Ball kraftvoll aus der Gefahrenzone zu befördern. Dazu gehören Schneid und Talent, aber Übung macht auch hier erst den Meister.

1. Über die Spielfeldumzäunung flanken, hocken oder frei springen und dann schnell darunter durchkriechen ist zum Beispiel eine Übung, die Spaß macht und als kleiner Wettkampf durchgeführt werden kann.

2. Alle Fall- und Rollübungen, Purzelbaumschlagen und Hechtrollen machen den Körper geschmeidig.

3. Den Ball jonglieren, paarweise oder in kleinen Gruppen in der Luft halten und Fußball-Tennis spielen verbessert die Gewandtheit.

Nachsetzen

Der Spielgedanke im Fußballsport ist ganz einfach. Jeder kennt ihn: Tore schießen und Gegentore verhüten. Das ist eigentlich schon alles. Die Mannschaft im Ballbesitz greift an, um Tore zu schießen und zu gewinnen. Die Mannschaft in der Abwehr muß Tore verhüten, um nicht zu verlieren. Mit dem Ballbesitz wechseln die Aufgaben. Der Angriff beginnt im Augenblick der Balleroberung. Die Abwehr setzt in der Sekunde des Ballverlusts ein.

Das erste Abwehrmittel heißt Nachsetzen, und damit wollen wir uns nun beschäftigen. Es ist zwar menschlich verständlich, aber taktisch unverzeihlich, wenn ein Stürmer nach Ballverlust oder ein ausgespielter Abwehrspieler Pausen einlegen. Wie der Teufel hinter der armen Seele müßt ihr hinter dem Ball hersein und den Gegenspieler zum erneuten Zweikampf stellen. Aufgeben dürft ihr nicht. Hängt euch an seine Fersen und setzt ihn unter Druck. Dann wird er entweder ungenau abspielen, oder ihr erobert den Ball zurück.

In unserer Bilderserie zeigen KARL-HEINZ RUMMENIGGE und ich, wie es gemacht wird. Karl-Heinz umspielt mich, aber ich gebe nicht auf, son-

dern mache auf dem Absatz kehrt und jage hinter ihm her. So kann er weder ungehindert schießen noch überlegt zuspielen.

Wir üben Nachsetzen wettkampfgemäß. Das Fußballtor wird von einem Torwart und vier Abwehrspielern verteidigt. Drei Angreifer werden von zwei Mittelfeldspielern unterstützt. Wenn die Abwehrspieler den Ball erkämpft haben, greifen sie zwei 3-m-Tore an der Mittellinie an. Jetzt müssen die Angriffsspieler nachsetzen, sonst können die beiden Mittelfeldspieler Tore der Abwehrspieler nicht verhindern.

Hinhaltender Widerstand

Man sagt, gute Spieler hätten Augen im Rücken. Das stimmt natürlich nicht, aber wir verstehen schnell, was gemeint ist. Gute Spieler halten Umschau und beobachten die Entwicklung des Spiels nach allen Seiten. Sie werden nicht überrascht, sondern denken voraus.

Als Abwehrspieler weiß ich, wann ich den Gegenspieler am Ball kurz entschlossen und energisch angreifen oder wann ich ihn an der langen Leine führen muß. Wenn in Schußentfernung vor unserem Tor die Abwehr dicht geschlossen ist und ein Mitspieler dem anderen beiste-

hen kann, gibt es nichts anderes, als dem Gegner den Ball schnell abzunehmen. Gelingt das dem ersten nicht, springt der nächste in die Bresche.

Anders ist es im tiefen und weiten Mittelfeld oder wenn die Gegenmannschaft mehr Spieler um den Ball versammelt hat als wir. Dann setzt der hinhaltende Widerstand ein. Wir greifen nicht blindlings an, sondern spielen auf Verzögerung, um Zeit zu gewinnen und den Raum vor unserem Tor zu schließen. Dabei bewegen wir uns immer zwischen dem Gegenspieler und dem Tor und versuchen, den Gegner zur

Außenlinie abzudrängen. Auf dem Foto links stürze ich mich nicht auf den Gegner, sondern konzentriere mich auf den Ball. Beim ersten Fehler werde ich ihn wegschnappen.

Beim Trainingsspiel sieben gegen fünf auf ein Tor mit Torwart, das immer wieder an der Mittellinie beginnen soll, trainieren wir hinhaltenden Widerstand. Vier Abwehrspieler setzen sich auf dem kürzesten Weg rückwärts zum eigenen Tor ab. In Schußentfernung steht die Abwehr dicht gestaffelt und ist auch von zwei Angriffsspielern mehr nur schwer zu überwinden.

★ George Stone ★

DAS LIED DER WÖLFE

Deutsch von Thomas Lindquist

C. Bertelsmann

Der spannende Tier-Roman aus den Rocky Mountains.

Ein uralter Wolf weiß von einer Wölfin jenseits der Berge, die vielleicht bereit wäre, das Singen zu akzeptieren, ja, eine neue singende Wolfsgeneration aufzuziehen, da sie selbst eine Außenseiterin ist.
Wolf muß sie finden, und er kämpft sich im Winter durch die verschneite, frostklirrende Bergwelt, muß sich gegen einen Bären zur Wehr setzen und noch vielen anderen Gefahren ins Auge sehen.

192 Seiten mit vielen Bildern.
In Eurer Buchhandlung.

Manndeckung

Ball im Auge

tehen, damit der
griffen und der
terstützt werden

genspieler
amit die Wege
nd die Gegner
wirkungsvoller
esetzt werden

Manndeckung
den Ball schon
er zu erwi-
en Gegenspieler
k der Ballan-
reifen. Gelingt
bewährt sich
ehrspieler als
äuschung, der

den Stürmer verleitet, das zu tun, was der Verteidiger will. Übt euch darin und laßt euren Gegenspieler nicht zum Torschuß kommen.

Wir machen es so: In einer Spielfeldhälfte werden drei Angriffsspieler abwechselnd von einem Mittelfeldspieler eingesetzt. Drei Abwehrspieler bewachen sie und werden von ihrem Torwart unterstützt. Die Stürmer sollen sich am Ball behaupten und durchsetzen. Die Verteidiger spielen die erkämpften Bälle schnell und genau zum Mittelfeldspieler oder zum Torwart. Dann leitet der Mittelfeldspieler den nächsten Angriff ein.

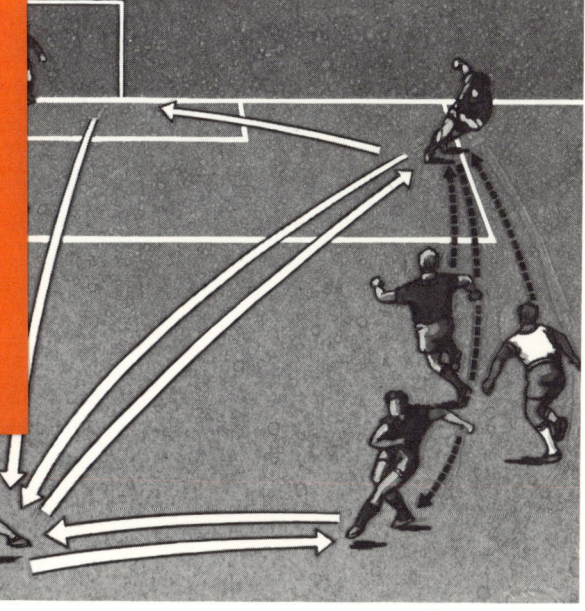

Die brasilianischen und andere erfolgreiche Mannschaften in der Welt bauen ihre Abwehr auf dem Fundament der Raumdeckung auf. Das entspricht ihrer Begabung, Erfahrung und Auffassung vom guten Fußballspiel. Sie lehnen es ab, den Gegenspieler über das ganze Feld zu verfolgen, sondern bleiben in ihrem Spielraum. Dort beschatten sie jeweils den nächsten Gegner. Das hat seine Vorteile: Die zurückzulegenden Entfernungen sind kürzer, die Ermüdung ist geringer, die Links- oder Rechtsfüßler können auf ihrer Seite bleiben, deckungsschwache Spieler werden besser unterstützt und die Ausgangsstellung für den Gegenangriff nach dem Ballgewinn ist oft erfolgversprechender als bei der Manndeckung.

Der andere Gesichtspunkt aber wird nach meiner Erfahrung beim Abwägen der Vor- und Nachteile der Mann- oder Raumdeckung zu gering bewertet. Das sind die Spieler selbst mit ihren unterschiedlichen Fähigkeiten und Fertigkeiten. Wir arbeiten an einer nahtlosen Ergänzung von Mann- und Raumdeckung, wie sie der Begabung, der Erfahrung und der Auffassung unserer Spieler entspricht.

Raumdeckung

Schaut euch unser Foto an. SCHWARZENBECK hat seinem Gegenspieler den Ball vor der Nase weggeschnappt. Wenn das nicht geklappt hätte, wäre ich noch dahinter gewesen und hinter mir lauerte BERTI VOGTS. Wir spielen tief gestaffelt, und Staffelung ist eine Waffe der Raumdeckung.

Nun studiert bitte unsere Zeichnung. Vier Angriffsspieler werden von zwei Mittelfeldspielern ins Gefecht geschickt. Der Angriff läuft über die linke Seite. Wie verhält sich die Abwehr? – In Ballnähe wird eng Mann gedeckt und auf der andern Seite gestaffelt. Der freie Mann in der Abwehr schirmt auf der Ballseite ab. Die Abwehrspieler auf der andern Seite fallen zurück und rücken nach innen zum Tor. So kann man vorübergehend selbst gegen einen zahlenmäßig überlegenen Angreifer erfolgreich verteidigen. Obwohl es unser Ziel ist, in Angriff und Abwehr mehr Spieler zur Stelle zu haben als die Gegenmannschaft.

Versteht ihr jetzt, wie ich es meine? – Auf die Frage nach Mann- oder Raumdeckung heißt meine Antwort: Mann- und Raumdeckung. Ich träume vom »Fußball total«. Deckungsspieler schalten sich ins Angriffsspiel ein, Angriffsspieler erfüllen im Wechsel Deckungsaufgaben, auf Flügelangriffe folgen Innendurchbrüche, verbissene Manndeckung wird von gestaffelter Raumdeckung abgesichert, alles ist in Bewegung, und alle spielen mit. Das ist es, was ich euch beibringen möchte.

Wir müssen die Einseitigkeit überwinden und Vielseitigkeit erreichen. Dabei steht uns die Spezialisierung auf einen Mannschaftsposten und auf nur eine taktische Aufgabe im Wege. Je vielseitiger ein Fußballspieler ausgebildet ist, um so besser kann er sich anpassen und in allen Spielsituationen zurechtfinden.

Trotz Nachsetzen, hinhaltendem Widerstand und nahtloser Verbindung von Mann- und Raumdeckung ist die Abwehraufgabe noch nicht erfüllt. Den Ball müssen wir erkämpfen. Darauf kommt es an. Beim Angriff auf den ballführenden Gegenspieler beweist sich die Klasse des Abwehrspielers. Der Angriff muß, den Fußballregeln entsprechend, auf den Ball gerichtet sein und nicht etwa in den Beinen des Gegners landen. Dazu gehören nicht nur Schneid und Härte, sondern auch Augenmaß und Geschicklichkeit. Eine Möglichkeit ist das Reingrätschen von der Seite, wie ich es in

Angriff auf Mann und Ball

außerdem von TIMING. Das heißt, genau im rechten Augenblick und mit der richtigen Geschwindigkeit hineinzurutschen. BERTI VOGTS ist Meister darin. Er hat 1974 im Weltmeisterschaftsendspiel JOHAN CRUYFF damit zur Verzweiflung gebracht.

Andere Möglichkeiten sind das Blockieren des Balls von vorn mit der Sohle oder Innenseite, der regelrechte Rempler von der Seite mit angelegten Armen, Schulter gegen Schulter, im Kampf um den Ball und das Rempeln von hinten, wenn der Gegenspieler uns sperrt.

Die besten Abwehrspieler, die ich kenne, sind Fallensteller. Sie studieren den Gegenspieler, finden Lieblingstricks und bevorzugte Seite heraus, gehen zum Schein darauf ein, fangen Mann und Ball in der Falle und ziehen mit dem Leder auf und davon.

Wir spielen im Training einer gegen einen, auch einer gegen zwei, und üben uns im Angriff auf Mann und Ball. Das ist das Wichtigste im Fußball: den Ball erobern, den Ballbesitz sichern und Tore schießen. Mit dem Zweikampf um den Ball fängt

alles an. Wer in den Zweikampf geht, ist der wichtigste Spieler in seiner Mannschaft. Von ihm hängt es ab, ob wir weiter verteidigen müssen oder angreifen können. Seine Willenskraft, Härte und Geschicklichkeit geben den Ausschlag. Deshalb darf die Zweikampfschulung im Training nicht zu kurz kommen.

Wer glaubt, fertig zu sein und nichts mehr hinzulernen zu können, ist auf dem Holzweg. Sein Abstieg hat schon begonnen. Es lernt der Fußballspieler, solange er spielt. Außerdem weiß ich aus Erfahrung, daß die einmal gewonnenen Fertigkeiten nur erhalten bleiben, wenn man sie immer wieder übt. Das ist eine Beobachtung, die wir beim FC Bayern schon oft gemacht haben und die vor allen Dingen auf die spielentscheidenden Zweikämpfe um den Ball zutrifft. Einmal in der Woche wird bei uns Sondertraining des Zweikampfes angesetzt. Ohne Rücksicht auf Namen, Alter und Erfahrung kommen alle dran. Jeder von uns wird in beiden Aufgaben trainiert: Er übt sich als dribbelnder Angriffsspieler und als tordeckender Abwehrspieler. Im Wettspiel zahlt sich das aus.

unserer Fotoserie gegen KARL-HEINZ RUMMENIGGE zeige. Die Engländer, denen wir noch heute dankbar sein sollten für das Geschenk des Fußballspiels, nennen es SLIDING TACKLE und sprechen

Ihr könnt mich bestimmt verstehen, wenn ich stolz bin auf die Erringung der Fußballweltmeisterschaft 1974. Das war die Erfüllung meines kühnsten Jugendtraums. Und deshalb bin ich auch stolz auf meine Mannschaftskameraden, die ich als Kapitän anführen durfte. Jeder ist ein Meister seines Fachs. Darum stelle ich sie euch vor.

Mit SEPP MAIER fange ich an. Geboren am 28. 2. 1944, Größe 1,83 m, Gewicht 78 kg. Sepp ist völlig durchtrainiert. Neben dem täglichen Torwarttraining spielt er auf seiner eigenen Tennisanlage stundenlang Tennis. Er ist unverwüstlich und nicht umzubringen. Wir halten ihn für den besten Torwart der Welt. Seine Reaktion und Sprung-

kraft sind kaum zu übertreffen. Mut zeichnet ihn aus, und Fangen ist seine Spezialität. Es gibt keinen Torwart, der in Bedrängnis so sicher fängt. Er trainiert es jeden Tag. Die Handflächen werden dabei gewölbt, die Finger fächerförmig gespreizt, beide Arme dem Ball entgegengestreckt. Der Ball wird fest umkrallt und federnd an den

Körper gezogen. Wenn das Gleichgewicht verlorengeht, schadet das nichts. Ein guter Torwart fällt und rollt weich, ohne den Ball zu verlieren. Sepp macht es euch vor. Im Meisterschaftsspiel gegen Hertha BSC Berlin fängt er eine Flanke ab. Das ist eine seiner besonderen Spezialitäten. ERWIN KOSTEDDE hat das Nachsehen, und KATSCHE SCHWARZENBECK freut sich über Sepps Sprungkraft, Körperbeherrschung und Fangsicherheit. Es gibt andere notwendige Torschutz-Techniken, die Sepp täglich übt und beherrscht, aber das Fangen ist die sicherste. Dabei helfen

ihm seine Handschuhe, die er je nach Witterung wechselt.

Wir trainieren ihn unter anderem beim Trainingsspiel vier gegen vier auf ein Tor. Tore dürfen nur mit dem Kopf erzielt werden. Deshalb spielen die Angreifer über die Flügel und flanken von dort hoch vor das Tor. Sepp entscheidet, ob er sein Tor verlassen und den Ball wegfangen kann oder ob er im Tor bleiben und seine Abwehrspieler anweisen muß, den Ball wegzuköpfen. Torwart und Verteidiger spielen den Ball schnell und genau zu einem Mittelfeldspieler im Rücken der Stürmer. Auch die

Angreifer bedienen sich des Mittelfeldspielers als Rückspielstation, und der kann ebenfalls die Bälle hoch vor das Tor heben.

Der Torwart ist ein Spezialist und muß deshalb speziell trainieren. Dabei darf keine Übung vernachlässigt werden. Springen, hechten, fallen, rollen, fangen, fausten, Fußabwehr, die Bälle über die Querlatte lenken oder um die Torpfosten drehen, Reaktionsschnelligkeit und Härte – alles gehört dazu und hat seine Bedeutung. Unermüdliches Training ist verantwortlich für die Beständigkeit von Sepp Maier.

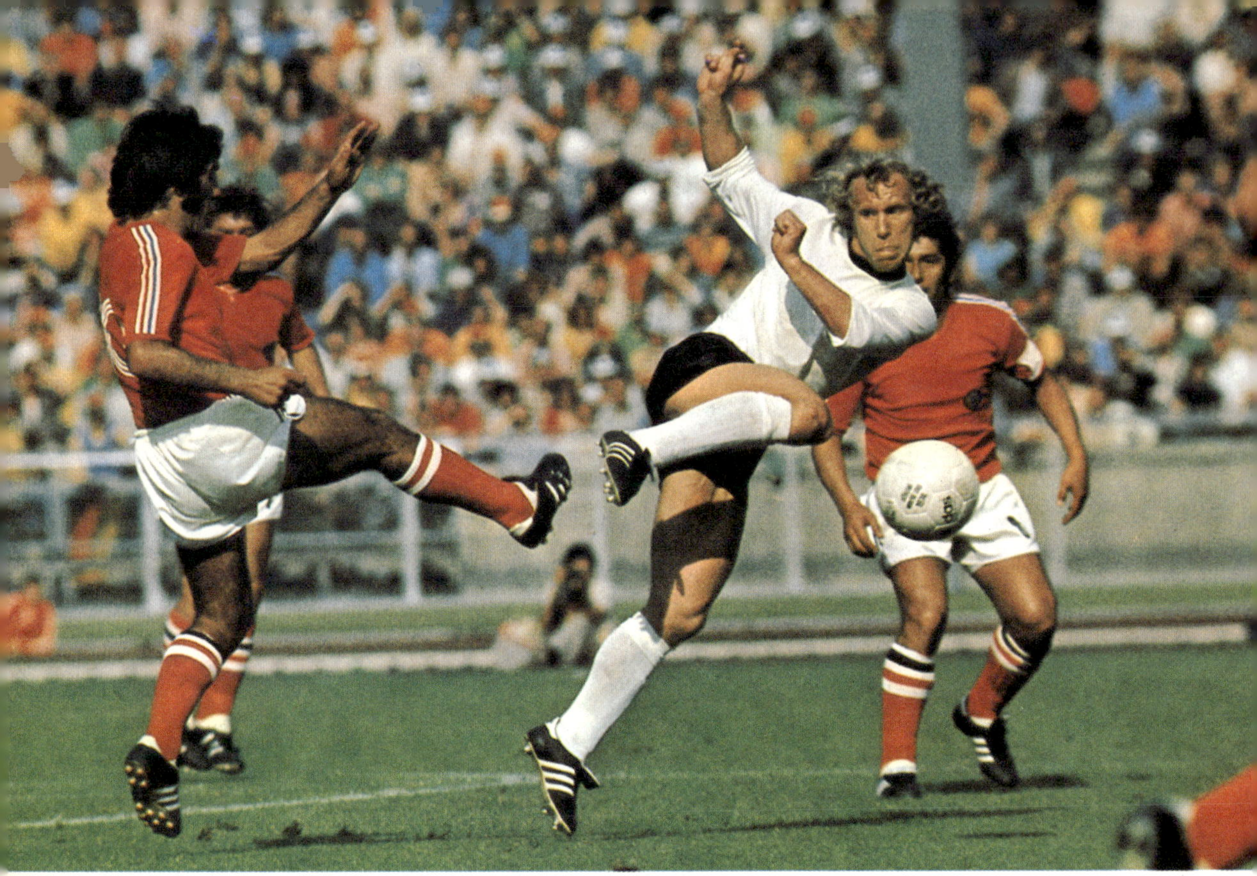

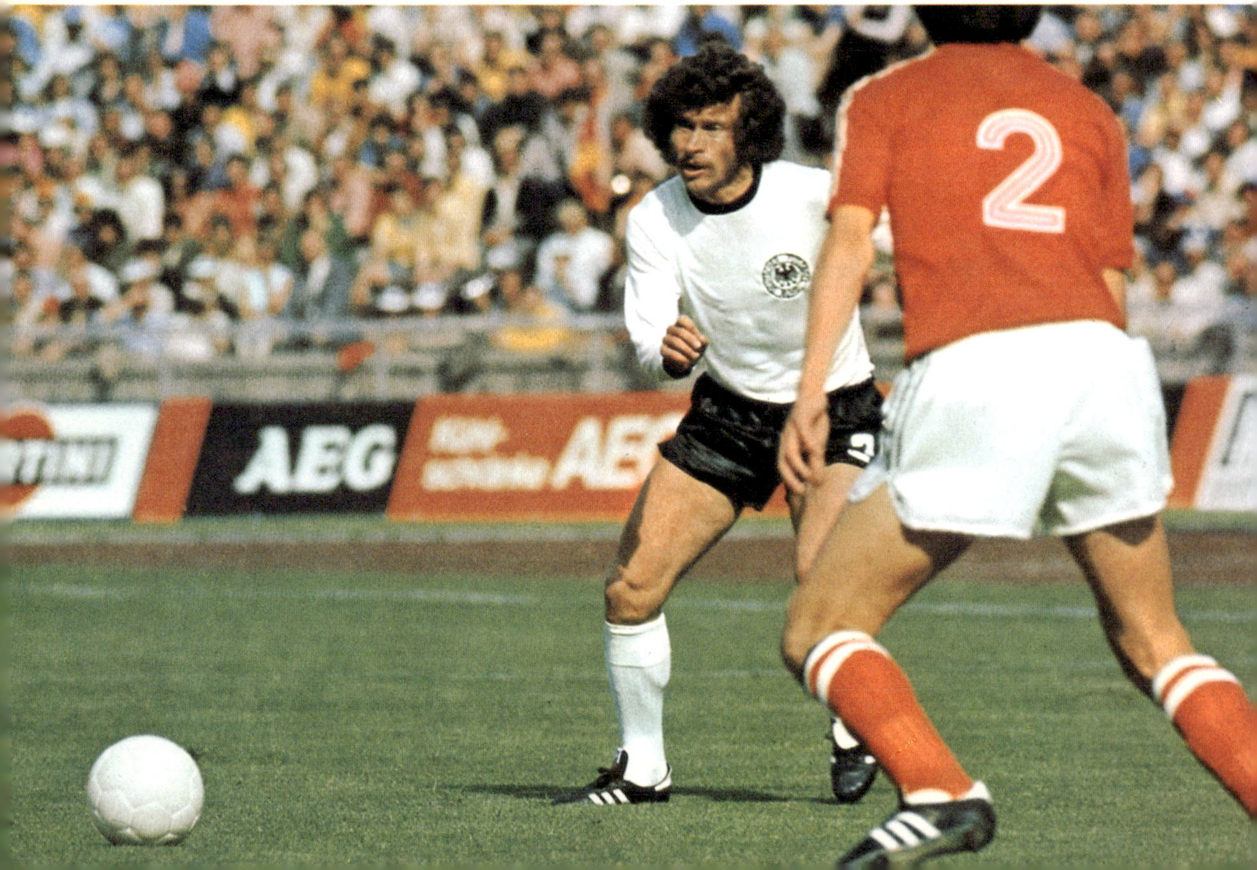
AEG
2

Verteidiger

BERTI VOGTS, geboren am 30. 12. 1946, 1,68 m groß, 67 kg schwer, und PAUL BREITNER, 5. 9. 1951, 1,76 m, 73 kg, waren unsere Außenverteidiger. Berti *(links oben)* ist klein von Wuchs, aber sprungkräftig, robust und kampfstark, unerbittlich im Zweikampf, schont sich selbst und den Gegenspieler nicht und hat einen unbeugsamen Willen. Paul *(links unten)* ist technisch beschlagen, laufstark und torgefährlich. Beide sind moderne Abwehrspieler, die sich erfolgreich ins Angriffsspiel einschalten. Paul Breitner erzielte im Weltmeisterschaftsendspiel ein Elfmeter-Tor, und Berti

Vogts scheiterte bei einem Durchbruch mit seinem Bombenschuß am ausgezeichneten holländischen Torhüter JONGBLOED.

Verteidiger-Sondertraining betreiben wir zum Beispiel folgendermaßen:
Im Tor steht der Torwart. Der linke Außenverteidiger deckt den Rechtsaußen, der rechte Verteidiger den Linksaußen. Rechts- und Linksaußen werden abwechselnd von einem Mittelfeldspieler angespielt. Während der eine Verteidiger den Stürmer am Ball bekämpft, fällt der andere zurück, rückt nach innen zum Tor und staffelt sich. Wenn

der Verteidiger den Ball erobert hat, spielt er ihn zurück zum Mittelfeldspieler oder zum Torwart. Dann beginnt der Angriff auf der anderen Seite.

So lernen die Verteidiger, wie man Zweikämpfe gewinnt und sich gegenseitig unterstützt. Immer kommt es am Anfang auf den Willen an. Dann stellt sich nach wiederholtem Üben die Geschicklichkeit ein.

Zunächst hat der Verteidiger sein eigenes Tor zu verteidigen und erst dann Angriffsaufgaben zu erfüllen. Sicherheit kommt an erster Stelle.

Mein Freund HANS-GEORG SCHWARZENBECK, von uns »Katsche« genannt, ist am 3. 4. 1948 geboren, 1,83 m groß und wiegt 78 kg. Er hat gegen die besten Mittelstürmer der Welt seinen Mann gestanden und sich in erbitterten Abwehrschlachten bewährt. Unvergessen für uns Bayern ist seine besondere Leistung im Europapokalendspiel 1974 in Brüssel. Wir spielten gegen Athletico Madrid, und das Spiel mußte nach 90 torlosen Minuten verlängert werden. Dann erzielte 6 Minuten vor Spiel-

schluß der Spanier LUIS ein Freistoßtor. Könnt ihr euch vorstellen, wie niedergeschlagen wir waren? – Doch Verzagen nutzt nichts. Wir stemmten uns gegen die Niederlage und stürmten auf Biegen und Brechen. In der allerletzten Spielminute schickte ich Katsche mit einem Steilpaß auf die Reise. Er rannte los und schoß aus 25 m flach und unhaltbar zum Ausgleich ein. Wir waren überglücklich und gewannen zwei Tage später das Wiederholungsspiel 4:0. Endlich hatten wir den Europapokal

gewonnen und verdankten es nicht zuletzt Katsche Schwarzenbeck.

Er ist ein überzeugendes Beispiel für den notwendigen Fleiß im Fußballtraining. Manchen Spielern ist die Begabung in die Wiege gelegt worden. Zu ihnen gehört Katsche nicht. Er hat fleißiger als die meisten an sich gearbeitet und viele überrundet, die mehr Talent mitbrachten. Gewissenhaftigkeit, Willenskraft und Härte gegen sich selbst haben ihn zu dem gemacht, was er heute ist: Einer der zuverlässigsten Abwehr-

Vorstopper

spieler, die ich in der Fußballwelt kenne. Das wollte ich euch jungen Fußballspielern ins Stammbuch schreiben. Verlaßt euch nicht auf eure Begabung und verzagt nicht, wenn ihr weniger mitbekommen habt als andere. Talent allein genügt nicht. Niemand wird fertig geboren. Die Arbeit ist der Preis, für den man den Erfolg erkauft. Was wenig kostet, ist auch wenig wert.

Das Sondertraining für den Vorstopper umfaßt Abwehrpflichten ebenso wie Angriffsaufgaben. Unsere Übung hier dient der notwendigen Verbesserung des Kopfballspiels. Von einem Spielmacher abwechselnd

angespielt, flanken Rechtsaußen und Linksaußen hoch in den Strafraum. Dort bewacht der Vorstopper den Mittelstürmer. Beide kämpfen um den Ball. Der Mittelstürmer will ein Kopfballtor erzielen. Der Vorstopper soll klären. Der Torwart dahinter ist auf dem Posten. Wenn er die Flanken abfangen kann, hütet der Vorstopper für ihn das Tor. Die Sicherheit der Abwehr hängt nicht nur vom Können der einzelnen Abwehrspieler ab, sondern verlangt fugenlose Zusammenarbeit. Einer ist auf den anderen angewiesen, und alle müssen sich einfügen. So wächst die Abwehr zu einem festen Block zusammen.

Libero

Mein Steckbrief: Geboren am 11. 9. 1945, Größe 1,82 m, Gewicht 75 kg. Die Rolle als »Freier Mann« in Abwehr und Angriff gefällt mir, und ich spiele sie auf meine Art. Vereinfacht dargestellt, versuche ich fünf Aufgaben zu erfüllen:
1. Dirigent der Abwehr zu sein und meinen Mitspielern durch Zuruf zu helfen. Als letzter Mann vor dem Torwart kann ich das ganze Spielfeld übersehen und die Entwicklung des gegnerischen Angriffs frühzeitig erkennen. Danach dirigiere ich die Abwehr und helfe mit, dem Gegner den Weg zum Tor zu verbauen.

nen Tor und lasse ihn kein Unheil anrichten. Deshalb kann jeder Abwehrspieler bei seinem Mann bleiben.
5. Im Ballbesitz schalte ich mich ins Angriffsspiel ein, gebe Vorlagen zum Torschuß oder schieße selbst.

Im Trainingsspiel mit drei Angreifern, von einem Mittelfeldspieler eingesetzt, gegen drei Abwehrspieler, die von einem Libero und dem Torwart unterstützt werden, üben wir alle Möglichkeiten des Zusammenspiels in der Abwehr, bis es keine Mißverständnisse mehr gibt.

2. Steilpässe in den Rücken der Mitspieler dem Angreifer vor der Nase wegzuschnappen.
3. Den Vorderleuten den Rücken zu decken. Wenn einer ausgespielt wird, greife

ich ein. Der ausgespielte Abwehrspieler übernimmt dafür meinen Posten.
4. Den überzähligen Angreifer, der von keinem Mitspieler gedeckt wird, stelle ich in Schußentfernung vorm eige-

Der Libero sorgt für Ordnung. Oberstes Gebot ist Klarheit. Jeder muß jederzeit wissen, was er zu tun hat. Dafür zeichnet der Libero verantwortlich.

RAINER BONHOF wurde am 29. 3. 1952 geboren, ist 1,80 m groß und wiegt 72 kg. Von ihm sagen wir, daß er konsequent decken und aggressiv stürmen kann. Er ist ein moderner Allround-Spieler, der auf allen Posten zurechtkommt. Außerdem ist er ein Freistoß-, Strafstoß- und Eckstoßspezialist. Seine harten und genauen Schüsse

sind gefürchtet. Er schneidet sie so scharf an, daß sie nur schwer zu berechnen sind.

Rainer weiß, daß man sich zunächst kämpferisch und läuferisch durchsetzen muß, wenn man ins Spiel kommen will. Das beherzigt er. Seit der Europameisterschaft 1976 können Jugoslawen und Tschechen ihn nicht mehr

vergessen. Er hat ihnen »eingeheizt« und sich in jeder Hinsicht durchgesetzt.

Das Mittelfeld ist ein großer Raum, den es erfolgversprechend zu nutzen gilt. Im Mittelfeld wird die Abwehr vorbereitet und der Angriff aufgebaut. Das Mittelfeldspiel entscheidet über die Klasse einer Mannschaft. Die besten

Mittelfeldspieler in der Abwehr

Mannschaften der Welt waren, solange ich zurückdenken kann, im Mittelfeld besonders gut besetzt. Das gab den Ausschlag für ihren Erfolg. Allerdings darf man nicht den Fehler machen, eine andere Mannschaft nachzuahmen, sondern muß Spielweise und Ordnung den eigenen Spielern anpassen wie einen Maßanzug. Die Spieler sind Individualisten, haben das Recht, als solche behandelt zu werden, und sind ihren besonderen Fähigkeiten und Fertigkeiten entsprechend einzusetzen. Rainer Bonhof spielt anders als Franz Roth, Uli Stielike ist kein Bernd Dürnberger, und

Hacki Wimmer hat andere Vorzüge als Jupp Kapellmann. Jede der beiden Mittelfeldreihen spielt erfolgreich. Jede auf ihre Art.

Man kann es nicht deutlich genug sagen und nicht oft genug wiederholen. Eines schickt sich nicht für alle. Sehe jeder, was für ihn und seine Mannschaft das beste ist. Deshalb bin ich kein Freund von starren Systemen. Im Gegenteil, ich bin ein Gegner jeder Unbeweglichkeit. Große Spieler kommen und gehen. Sie nehmen bestimmenden Einfluß, und mit ihnen steigen Spielsysteme und Stilarten auf und

gehen wieder unter.
Im halben Spielfeld spielen wir fünf gegen fünf ohne Tore, und jede Mannschaft bekommt einen Mittelfeldspieler dazu, die sich gegenseitig bekämpfen. Die Mitspieler sollen möglichst alle Bälle an ihren Mittelfeldspieler zurückgeben. Der muß dann unter dem energischen Druck des gegnerischen Mittelfeldspielers das Spiel machen. Mit dem Ballbesitz wechseln die Aufgaben. Besonders beachtet wird der Mittelfeldspieler in der Abwehr, der seinen Gegner niederkämpfen und ihn am Spielaufbau hindern soll.

Freilaufen

Das heißt:
Heraus aus dem gedeckten und hinein in den freien Raum,
weg vom Gegner – und zwar so weit, daß ihr den Ball annehmen und abspielen könnt, bevor euch der Gegenspieler daran hindert, hin zum Mitspieler am Ball – und nicht weglaufen, ihm den Rücken kehren und ihn aus den Augen verlieren; aber auch wegbleiben, damit der Spielraum nicht zu eng wird.

Der Freilaufende bestimmt Richtung und Geschwindigkeit des Zuspiels. Er ist noch ungebunden, muß sich noch nicht mit den Tücken des runden Lederballs und dem Druck des Gegners auseinandersetzen. Er schüttelt seinen Gegenspieler ab und startet in den freien Raum. Der Mitspieler am Ball ist jetzt verantwortlich für Genauigkeit und Schärfe des Passes. Nach seinem Abspiel läuft er sofort wieder in Stellung, wie ich es im WM-Spiel gegen Chile tue. Für uns ist die Arbeit mit dem Paß nicht getan. Wir schalten uns unverzüglich wieder ins Spiel ein und sorgen dafür, daß der Ball in unserer Mannschaft bleibt.

Wenn einer von uns am Ball ist, müssen alle anderen mitspielen, auf der Lauer liegen, auf Draht und in Bewegung sein. Keiner kann Maulaffen feilbieten, tatenlos herumstehen und träumen. Woher und über welche Stationen kann der Ball zu mir kommen, wohin spiele ich ihn und wohin laufe ich nach dem Abspiel? Das weiß und entscheidet der gute Spieler im voraus.

Im Training spielen wir zwei gegen zwei im kleinen Feld mit zwei Torleuten. Dazu gesellt sich ein neutraler Spielmacher, der zur jeweiligen Mannschaft am Ball gehört, aber keine Tore erzielen darf. Jetzt üben wir Umschau und Augenverbindung halten, den Gegner abschütteln, rechtzeitig in Stellung laufen, genau zuspielen und Tore schießen.

Das ist kein Witz und auch kein Widerspruch. Ohne Ball kann man zwar nicht Fußball spielen. Das ist klar. Aber der Fachmann nennt die Bewegung der Spieler, die gerade nicht am Ball sind, »Spiel ohne Ball« und legt größten Wert darauf. Das Freilaufen und Mitspielen ohne Ball muß im Wettspiel zum Bedürfnis werden wie das tägliche Brot. Der herumstehende Spieler darf sich gar nicht erst wohl fühlen. Freilaufen, Platz tauschen, den Gegner weglocken und verwirren steigern die Freude am Spiel und bringen Erfolg.

Im WM-Spiel gegen Polen habe ich den Ball abgespielt und renne los. Zwei polnische Gegner beschäftigen sich mit mir. Dadurch wird ein Mitspieler frei. Das Ergebnis ist unsere zahlenmäßige Überlegenheit im Angriff. Wir gewannen 1:0 und schafften den Einzug ins Endspiel in München.
Die Zuschauer beobachten in der Regel das, was am Ball und unmittelbar um den Ball herum vorgeht. Sie verfolgen den Lauf des Balls und erfreuen sich an schnellen Ballpassagen über viele Stationen. Dabei erkennen und

kennen sie die Mühe nicht, die dahintersteckt. Wenn der Ball über viele Spieler unserer Mannschaft läuft, ohne daß der Gegner ihn erjagen kann, haben alle mitgemacht, aufgepaßt, vorausgeschaut und ohne Ball mitgespielt. Das setzt die Bereitschaft voraus, sich zu plagen, dem Mitspieler zu helfen und große Strecken zurückzulegen. Ohne Einsatz und Mannschaftsgeist gelingt es nicht. Einer für alle und alle für einen ist die Losung und Lösung.
Schaut euch bitte aufmerksam unsere Trainingsübung

Spiel ohne Ball

vier gegen zwei an. Der Spieler am Ball bekommt Hilfe von zwei Mitspielern, die links und rechts von ihm in Stellung laufen und zwei Gegenspieler mitziehen. Jetzt ist der Weg für den Paß durch die Mitte frei. Das ist Mitspielen ohne Ball: uneigennützig dem Mitspieler zu Hilfe eilen, den Gegner abziehen und freie Räume schaffen.

Vier gegen zwei im begrenzten Feld ist eine gute Übung, um Freilaufen, Spiel ohne Ball und das direkte und genaue Zuspiel zu schulen. Wir kennen verschiedene Möglichkeiten und setzen bestimmte Schwerpunkte: Zwei Torleute werden als Ab-

wehrspieler aufgeboten, die springen, hechten und den Ball mit den Händen spielen können.
Zwei Verteidiger werden in die Mitte genommen und üben sich im Angriff auf Mann und Ball und in der Staffelung.
Die Abwehrspieler werden ausgewechselt. Wer einen Abspielfehler gemacht hat, kommt in die Mitte, und wer am längsten drin war, tauscht den Platz.

Fuchsteufelswild macht mich die Herumsteherei bei Einwürfen, die ihr in vielen Fußballspielen beobachten könnt. Der Einwurf ist ein Vorteil, weil die eigene

Mannschaft am Ball ist. Also muß er genutzt werden. Ohne Freilaufen und Spiel ohne Ball geht das nicht. Wir üben es und sprechen von »kommen« und »gehen«. Wenn ein Mitspieler dem Einwerfenden entgegen-»kommt«, bringt er seinen Gegenspieler mit und schafft freien Raum in seinem Rücken. Der andere Mitspieler »geht« dort hinein. Das löst eine Kettenreaktion aus. Der nächste »kommt«, der übernächste »geht« und so weiter durch die ganze Mannschaft. Der Einwerfende bedient dann den Mitspieler in der besten Position.
So muß es sein.

Hier machen Gerd Müller, Uli Hoeness und ich einen Verein auf, wie wir es nennen. Wir versammeln uns um den Ball und halten ihn in unserer Mannschaft. Darauf kommt es an: Am Ort der Gefahr mehr Spieler zusammenziehen als die Gegenmannschaft. So sichert man den Ballbesitz.

Für das Ballhalten gibt es verschiedene taktische Gründe:

Zum Aufbau des Angriffs stellen wir uns bereit, schieben den Ball hin und her, beruhigen das Spiel und locken den Gegner aus seiner Deckung;

wenn wir der Abwehr Beine machen und sie verwirren wollen, spielen wir auf der einen Angriffsseite klein-klein, ziehen die Gegenspieler von der anderen Seite ab und wechseln hinüber;

wenn wir das Ergebnis halten wollen, spielen wir auf Sicherheit und lassen den Gegner nicht an den Ball kommen. Genauso verfahren wir, wenn Unordnung in unseren Reihen herrscht. Wir gewinnen dann beim Ballhalten Spielübersicht und Selbstvertrauen zurück.

Das Ballhalten will gelernt sein. Im Stand gelingt es nicht. Alle Spieler müssen bei der Sache und in Bewegung

Ballhalten

sein. Dann läuft der Ball, wir können ein Kombinationsnetz auslegen und es über das ganze Spielfeld ausbreiten. Freilaufen und Spiel ohne Ball sind die Motoren des Angriffsspiels und die Voraussetzung für das Ballhalten. Wo ihr das Fußballspiel auch anpackt, durch Bewegung erst wird es gut.

Wir spielen im begrenzten Spielfeld drei gegen drei und nehmen einen neutralen Spielmacher hinzu, der als überzähliger Mann zur Mannschaft in Ballbesitz gehört. Tore gibt es keine. Jeder Paß zählt einen Punkt oder zehn Pässe ohne Ball-

berührung durch den Gegner ein Tor.

Versucht es und ihr werdet erkennen, daß man Umschau halten, vorausdenken, sicher spielen, den Raum nutzen und rennen, rennen, rennen muß. Das ist wahr, aber es gibt noch eine andere Erkenntnis. Die Spieler in Ballbesitz ermüden nicht so schnell wie die anderen, die hinter dem Ball herrennen müssen. Ballhalten und mit ihm den Gegner müde jagen macht Freude. Hinterherlaufen ermüdet. Das ist auch im Wettspiel so. Ballhalten erspart Kraft, Nachlaufen kostet Kraft. Wer zu faul ist, freizu-

laufen und ohne Ball mitzuspielen, muß es bitter büßen.

Die Technik und Sicherheit des gekonnten Zuspiels üben wir beim Spiel »fünf gegen zwei« im begrenzten Feld. Wir sprechen vom »Kreis« und haben einen Heidenspaß dabei. Zwei Spieler in der Mitte jagen hinter dem Ball her und setzen die fünf im Kreis unter Druck. »Olé« rufen wir triumphierend, wenn es gelungen ist, einem Balljäger den Ball durch die Beine zu spielen. Wer schlecht zuspielt und den Ball verliert, muß in die Mitte.

Seitenwechsel

Alle Mannschaften in der deutschen Bundesliga spielen mit verstärkter Abwehr, das heißt mit Libero. Ihr wißt, der freie Mann in der Abwehr muß seinen Vorderleuten den Rücken decken. Wenn also rechts gespielt wird, rückt er zur Doppelsicherung auf die Angriffsseite und verlegt den Stürmern den direkten Weg zum Tor. Deshalb müssen wir einen Umweg einschlagen. Wir bereiten den Angriff auf der rechten Seite vor, ziehen den Libero heraus und spielen dann über eine Zwischenstation überraschend auf die linke Seite. Dort schaffen wir schnell ein zahlenmäßiges Übergewicht und

versuchen uns durchzusetzen, ehe der Libero eingreifen kann.

Tempo- und Seitenwechsel sind entscheidende Angriffswaffen gegen die verstärkte Abwehr. Im Training schärfen wir sie Woche für Woche. Das Spielfeld wird in seinen Ausmaßen der Leistungsfähigkeit der Spieler angepaßt. Für jüngere Spieler, die noch nicht so weit schießen können, ist es entsprechend kleiner. Fünf spielen gegen drei. Die Aufgabe heißt, zunächst klein-klein und dann lang zu spielen. Mit dem kurzen Zusammenspiel locken wir die Abwehrspieler heran und zie-

hen sie von den weiter postierten Mitspielern weg. Wenn das geglückt ist, folgt der lange Seitenwechsel. Wer einen Fehlpaß verschuldet, wird Abwehrspieler und tauscht seinen Posten mit dem, der am längsten in der Mitte war. Auf diese Art werden die Abwehrspieler nicht überlastet, können die Angreifer unter Druck setzen und für Tempo sorgen. Druck und Tempo sind wichtig; denn im Wettspiel kann sich nur der durchsetzen, der sich im Training an Wettkampfbedingungen gewöhnt hat. Spielfremde Übungen sind zwecklos. Gutes Fußballtraining ist zweckgerichtet.

Im WM-Spiel gegen Chile, das wir 1:0 gewannen, habe ich mich ins Angriffsspiel eingeschaltet. BERND CULL-MANN ist zurückgefallen und übernimmt meinen Posten als Libero. Alle Stürmer spielen mit und sind in Bewegung. Freie Räume werden genutzt und Gassen geöffnet. Genau im richtigen Moment spiele ich den Ball in die Tiefe des Raumes und schicke die Angriffsspitzen auf die Reise. So macht man Tempo. Das ist unser Spiel: dem Steilpaß eine Gasse. Die Engländer nennen ihn KILLER PASS, weil er die Abwehrspieler außer Gefecht setzt und »tödlich« ist. Die Fußballspieler in der CSSR sind freundlicher und sprechen vom »Gäßchenspiel«. Gemeint ist der Paß in den freien Raum, der gleich mehrere Abwehrspieler ausspielt und der kürzeste Weg zum Tor ist.

Steilspielen aber setzt Steillaufen voraus. Durch Querpässe öffnen wir Gassen, die

Steilpaß

Fehler junger Mannschaften, die noch nicht lange genug zusammenspielen. Der Ball geht noch zu oft durch Mißverständnisse verloren. Eingespieltsein ist eine Macht. Jeder kennt den anderen, weiß, was er im Schilde führt und versteht ihn blind.

Zum blinden Verständnis soll unsere Übung drei gegen zwei führen, die wir in verschiedenen Variationen trainieren:

Im Strafraum spielen drei Angriffsspieler gegen zwei Abwehrspieler. Die Angreifer versuchen, unter allen Umständen steil zu spielen, wenn sich die Möglichkeit auftut. Wessen Ball abgefangen wird, tauscht seinen Platz mit dem »dienstältesten« Abwehrspieler.

In einer anderen Form dürfen die Angriffsspieler den Ball nur zweimal berühren. Die Abwehrspieler müssen und sollen dribbeln. Ausgewechselt wird nicht.

Zum Schluß stellen wir zwei kleine Tore auf, die anzugreifen und zu verteidigen sind. Wieder sind den drei Angriffsspielern nur zwei Ballkontakte gestattet. Die zahlenmäßig unterlegenen Abwehrspieler dürfen dribbeln.

von den Stürmern genutzt werden. Alles muß zusammenpassen, der Spurt und der Paß in den freien Raum. Wenn der eine zu früh läuft und der andere zu spät spielt, rennt der erste ins Abseits. Wenn der eine zu früh spielt und der andere zu spät läuft, fängt der Gegner den Ball ab. Das ist ein typischer

Wenn ich mich selbstkritisch ins Gebet nehme, bin ich unzufrieden mit meiner Torausbeute. Als Libero könnte ich mich noch öfter ins Angriffsspiel einschalten und noch mehr Tore schießen. Das nehme ich mir immer wieder vor, aber oft sind die Umstände stärker als mein guter Wille. Jedenfalls muß jeder gute Fußballspieler auf sich allein gestellt und ohne Unterstützung der Mitspieler erfolgreich stürmen können, wie ich es auf dem Foto tue und in der Bilderserie mit KARL-HEINZ RUMMENIGGE als Gegenspieler übe. ULI HOENESS und KARL-HEINZ RUMMENIGGE sind zwei

Alleingang

FC-Bayern-Stürmer, die Schneid, Schnelligkeit und Fertigkeit besitzen, auf eigene Faust zu handeln. Wenn unsere Mannschaft in die Abwehr gedrängt wird und wir uns auf schnelle Gegenstöße verlegen müssen, sind diese Eigenschaften unbezahlbar. Der Alleingang mit erfolgreichem Abschluß ist ein weiteres wirkungsvolles Element des Angriffsspiels. Wir dürfen es unter keinen Umständen verkümmern lassen.

Unsere Jugendtrainer sind gut beraten, wenn sie begabten Einzelspielern Mut machen, entschlossen loszuziehen, und dürfen sie nicht immer wieder zurückpfeifen. Selbstbewußtsein soll gestärkt und nicht gebrochen werden. Unsere jungen talentierten Dribbler aber müssen einsehen lernen, daß sie nicht für sich selbst, sondern für die Mannschaft zu spielen haben.

Deshalb üben wir, wie man einen Alleingang erfolgreich abschließt. Nach gelungenem Dribbling legen wir den Ball dem mitgelaufenen Freund so vor, daß er ihn leicht im Tor unterbringen kann, oder wir setzen ihn selbst ins Netz.

Das hängt von der Stellung der Gegner und unserem Einschußwinkel ab.

Der Brasilianer MANUEL GARRINCHA war der beste Dribbler, den ich jemals erlebt habe. Von ihm wird erzählt, daß er sich täglich darin übte. Er umspielte alles, was herumlag oder sich ihm in den Weg stellte: Steine, Flaschen, Bäume, Stühle und Slalomstangen auf dem Trainingsplatz. Oft trainierte er mit einer Schar jugendlicher Verehrer und forderte sie auf, ihm den Ball abzunehmen. Das gelang nur selten. So selbstbewußt wie im Training trumpfte er auch im Spiel auf. Brasilien verdankt ihm zwei Weltmeisterschaften, 1958 in Schweden und 1962 in Chile.

So viele Tore wie PELE oder GERD MÜLLER habe ich nicht geschossen, aber einige wichtige waren doch dabei. Bei der Weltmeisterschaft 1966 glückte mir gegen den großen sowjetischen Torwart LEW JASCHIN mit dem linken Fuß ein Weitschußtor, das nicht von schlechten Eltern war. Wir gewannen 2:1. Am 14. Juni 1970 in León in Mexiko lagen wir gegen England 0:2 zurück, als ich in der 68. Minute den Anschlußtreffer schoß. UWE SEELER köpfte in der 82. Minute zum Ausgleich ein. In der Verlängerung gewannen wir dank

Gerd Müller 3:2. Für den FC Bayern habe ich in der Bundesliga und im Europapokal Tore von jeder Sorte gemacht – im Alleingang, nach Doppelpässen mit Gerd Müller, Weitschüsse und Freistöße. Ich bin kein Torjäger, aber Tore schießen macht mir genausoviel Spaß wie jedem anderen Fußballspieler. Gegen Fortuna Düsseldorf habe ich schon oft Glück gehabt. Torwart WOIKES Abwehrreaktion kam zu spät. Der Ball rollte ins Tor, und wir gewannen 5:0.

Das Toreschießen wird durch

die verstärkten Abwehrreihen immer schwieriger. Deshalb muß es immer intensiver geübt werden. Eine englische Statistik weist nach, daß 40% aller Tore aus Freistößen, Strafstößen und Eckstößen erzielt werden. In den Europapokalspielen sind es sogar 60%. Nach meiner Meinung trainieren wir das zu wenig. Freistöße, Strafstöße und Eckstöße, aber auch Anstoß, Abstoß und Einwurf sind Spielvorteile, die besser genutzt werden müßten. Unsere beiden Zeichnungen zeigen je eine Möglichkeit zur Ausführung von Freistoß (1) und

Tore zählen

Eckstoß (2). Es gibt viel mehr. Sie müssen nur erarbeitet werden. Wenn ihr euch damit beschäftigt, kommt ihr selbst dahinter, werdet mehr Tore schießen und öfter gewinnen.

die langgezogenen Sprints mit abschließendem Torschuß von Uli Hoeness. Bonhof, Overath, Hoeness waren in Abwehr und Angriff gut aufeinander abgestimmt: die Mittelfeldreihe des Weltmeisters 1974.

Mittelfeldspieler können im Angriff sowohl den Erfolg vorbereiten als auch für den Mißerfolg verantwortlich sein. Beides habe ich schon erlebt. Was richtig oder falsch ist, richtet sich nach der Ordnung oder Unordnung der gegnerischen Abwehr. Ist die Gegenmannschaft in der Abwehr vollzählig und tief gestaffelt, hat es keinen Zweck, schnell und steil zu spielen. Wer rennt sich schon seinen Kopf an einer Mauer ein. Dann schieben wir den Ball im Mittelfeld so lange hin und her, wechseln die Angriffsseite, bis sich Lücken und Gassen auftun und zum Steilpaß einladen.

Anders ist es, wenn der Gegner in unsere Spielhälfte eingedrungen ist und den Ball verloren hat. Jetzt wird Tempo gemacht und das Mittelfeld überflogen. Zwischenstationen verschwenden Zeit. Schnelligkeit ist geboten. Steil spielen, hinterherrennen und Paare bilden. Das heißt:

WOLFGANG OVERATH, (*rechts unten* im WM-Spiel gegen Schweden), geboren am 29. 9. 1943, 1,75 m groß und 72 kg schwer, war der eine und ULI HOENESS (*oben* im Endspiel gegen Holland), Geburtstag 5. 1. 1952, Größe 1,81 m, Gewicht 76 kg, der andere Mittelfeldspieler im Angriff. Ihre Veranlagung und Stärken sind grundverschieden. Overath ist ein Spielmacher, Hoeness ein Vollstrecker. Selbstverständlich schießt auch Wolfgang spielentscheidende Tore, und ebenso selbstverständlich gibt Uli torreife Vorlagen. Sonst wären sie keine Klassespieler. Aber jeder hat seine besonderen Stärken, und das sind Overaths Musterpässe und

Mittelfeldspieler im Angriff

Zwei von uns spielen einen Gegenspieler aus. Entweder täuschen und mit dem Ball davonziehen oder »eins-zwei« den Doppelpaß spielen und zwei Gegenspieler stehenlassen.

Das Mittelfeldspiel im Angriff will gelernt sein. Wir spielen in einer Spielfeldhälfte fünf gegen fünf und nehmen einen Mittelfeldspieler als freien Mann hinzu. Der freie Mann gehört zur jeweiligen Mannschaft am Ball und soll das Spiel machen, den Rhythmus bestimmen, langsam oder schnell, kurz oder lang spielen und die Angriffsrichtung wechseln.

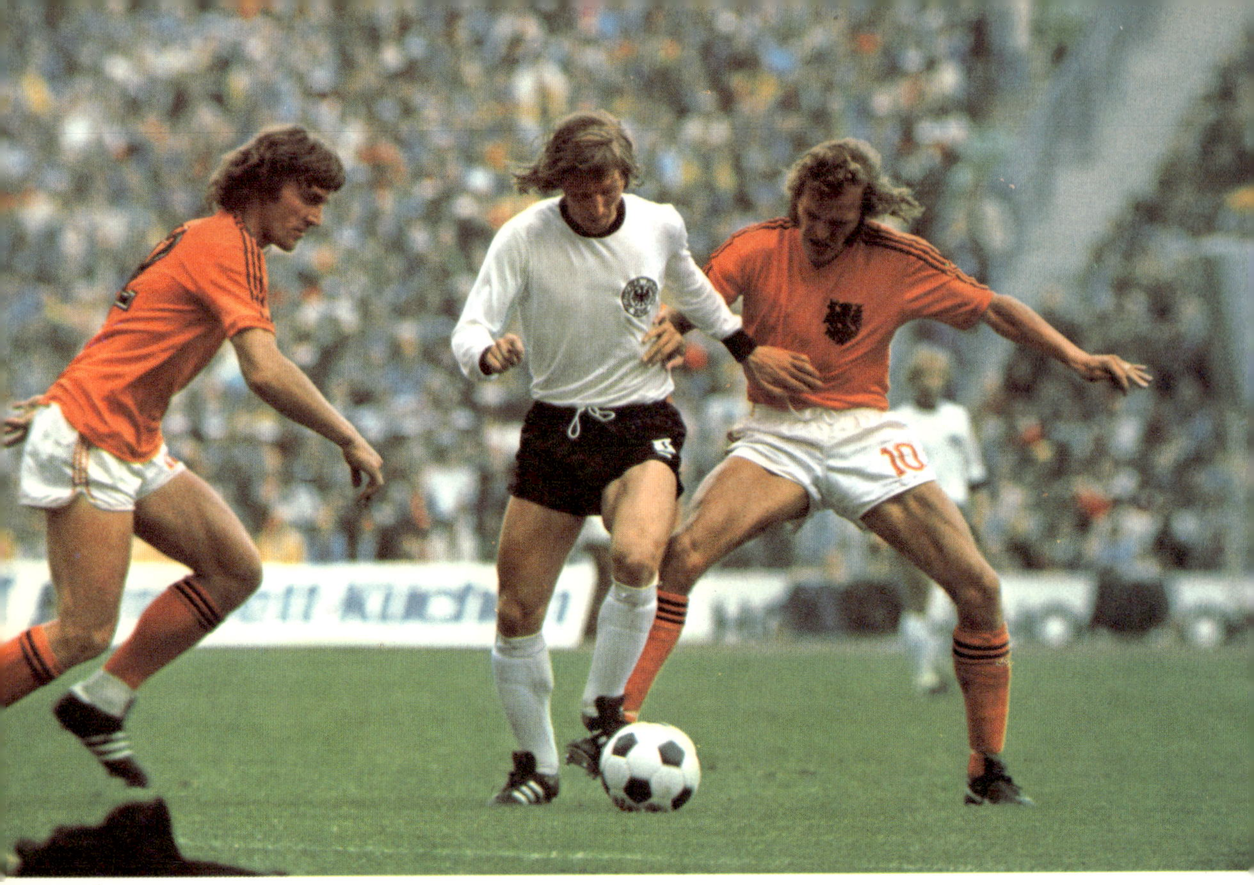

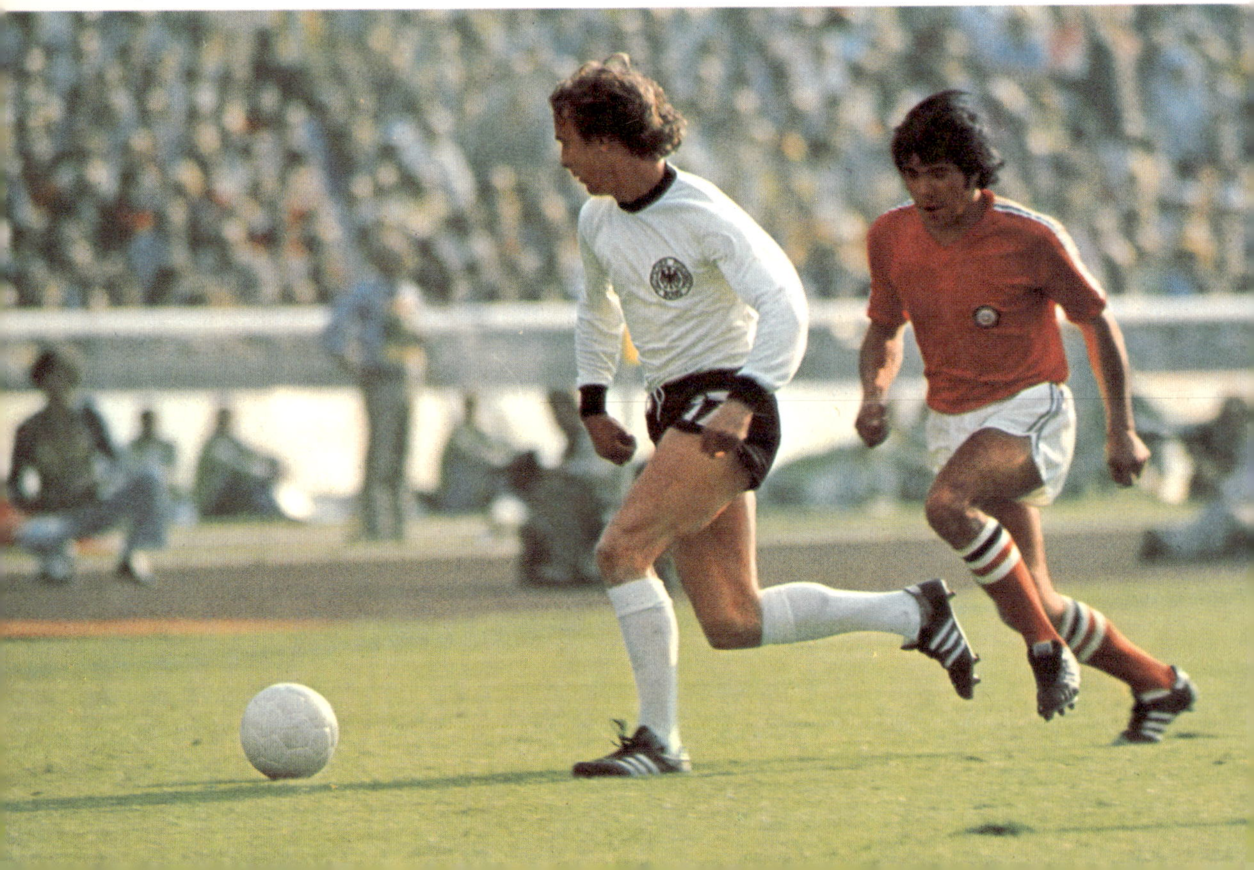

Außenstürmer

JÜRGEN GRABOWSKI (*links oben* im Endspiel gegen Holland), geboren am 7. 7. 1944, 1,76 m groß und 62 kg schwer, war unser Rechtsaußen und BERND HÖLZENBEIN (*links unten* im WM-Spiel gegen Chile), Geburtstag 9. 3. 1946, Größe 1,75 m, Gewicht 65 kg, der Linksaußen. Rechts spielte Grabowski aus der Tiefe des Mittelfelds, bot sich nach rückwärts an und schaffte Raum für Uli Hoeneß. Links dribbelte Hölzenbein um die holländische Abwehr herum und drang in den Strafraum ein. Einmal konnten ihn die Holländer nur durch Beinstellen bremsen. Den fälligen Elfmeter verwandelte Paul Breitner.

Über Außenstürmer und die Bedeutung des Flügelspiels wird unter Fachleuten oft genug gesprochen. Die Meinungen gehen auseinander. Die einen bestehen auf zwei Flügelstürmern, die anderen sind mit einem zufrieden. Eine andere Möglichkeit ist, ohne echte Außenstürmer zu spielen. Ich achte jede Überzeugung und habe mir eine eigene Meinung gebildet. Ob mit oder ohne Flügelstürmer, wer mehr Tore schießen will, muß um die massierte Abwehr herum und in ihren Rücken kommen. Dieser Umweg zahlt sich aus.

Beim Spiel auf ein Tor trainieren wir alles, was dazu gehört: Doppelpässe, Dribbling, Vorlegen, Flanken, und Schießen. Der Linksaußen wird von einem Mittelfeldspieler angespielt, läßt den Ball zurückprallen und eilt davon. Im Rücken des Verteidigers nimmt er den Steilpaß auf, dribbelt los und setzt einen Mitspieler zum Torschuß ein. So üben wir abwechselnd mit beiden Außenstürmern und spielen alle Möglichkeiten wiederholt durch. Die Wiederholung ist die Mutter der Perfektion.

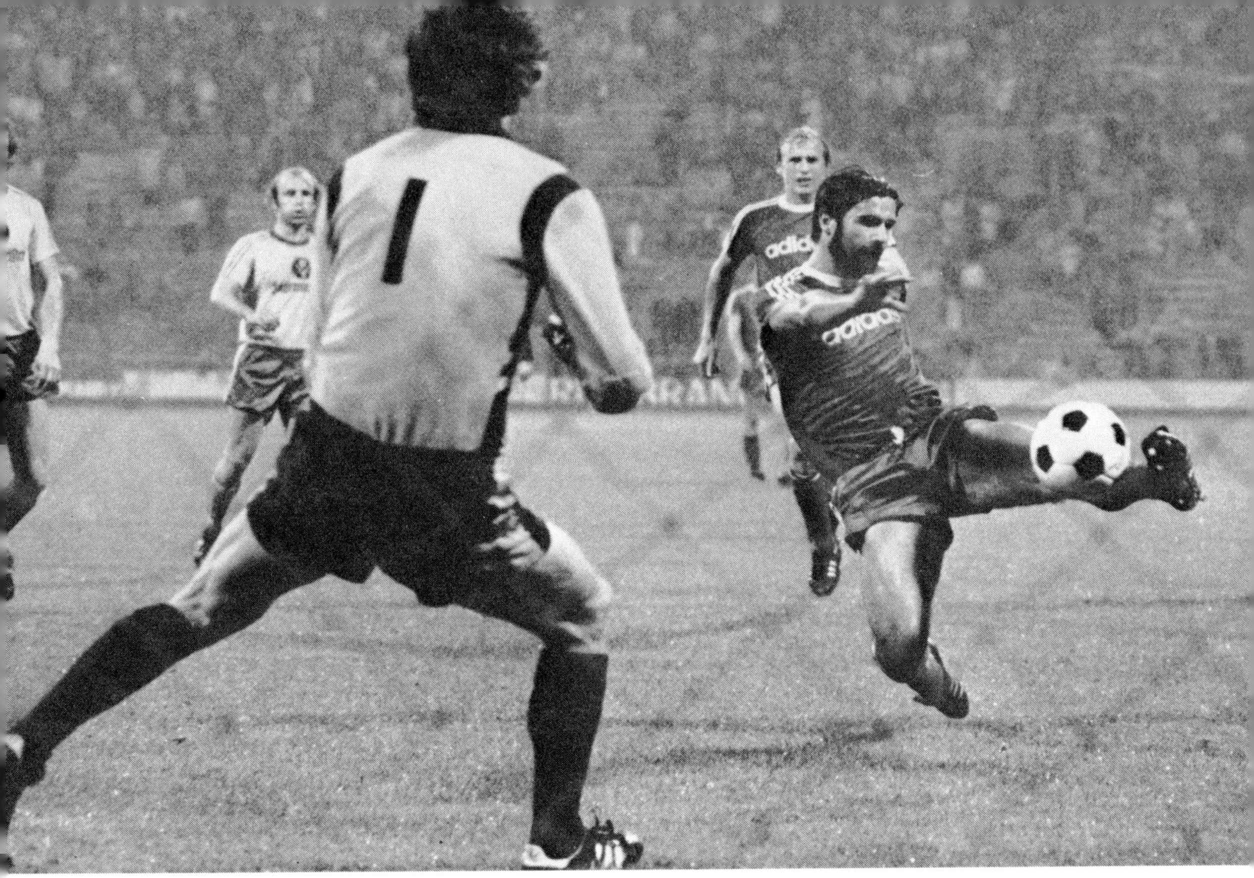
adidas

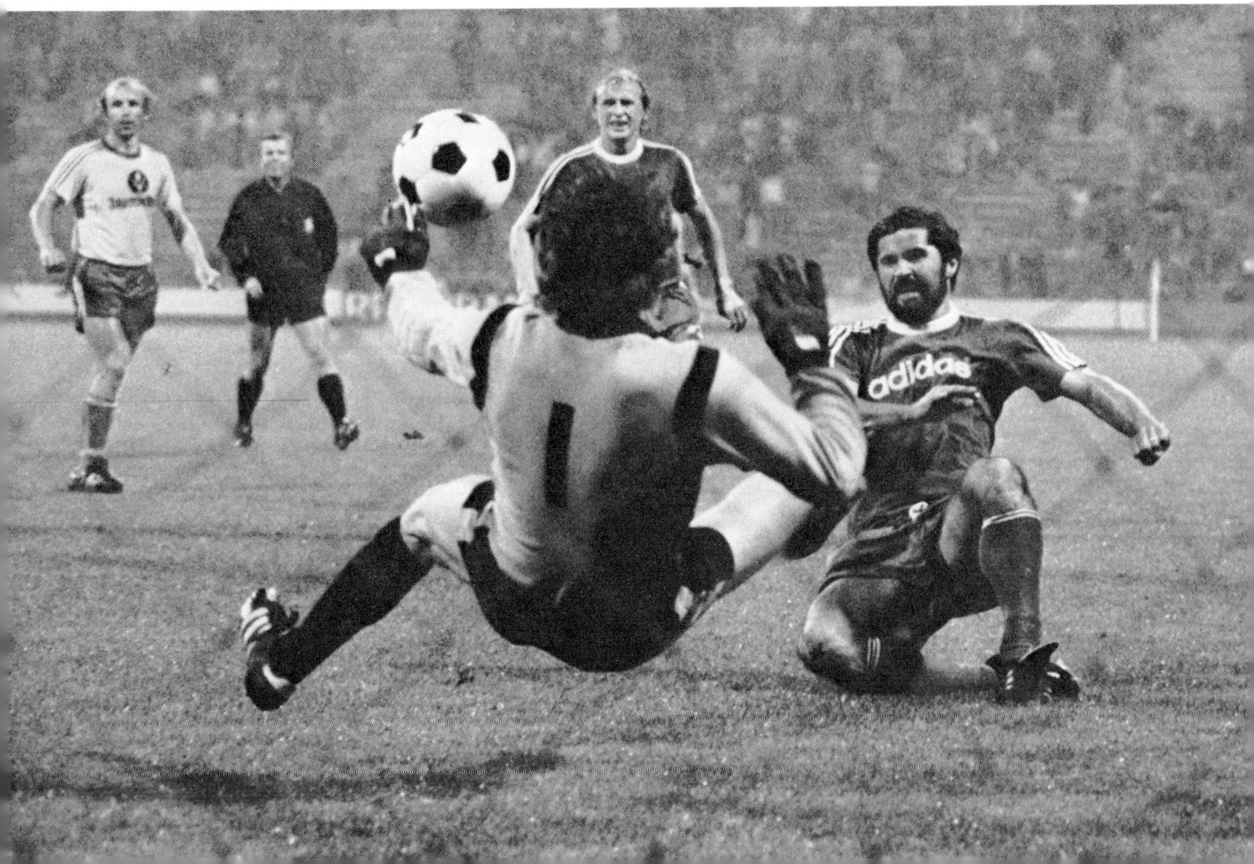
adidas

Mittelstürmer

Mein Freund GERD MÜLLER ist am 3. 11. 1945 geboren, 1,76 m groß und wiegt 75 kg. Mit ihm teile ich auf Reisen und im Trainingslager seit vielen Jahren das Doppelzimmer. Wir verstehen einander gut. Er hat schon die schönsten und verrücktesten Tore geschossen. Mit seinen kurzen Drehungen und Wendungen macht er die Abwehrspieler geradezu schwindelig. Unser Siegtor im Weltmeisterschaftsendspiel war ein typisches Müller-Tor, das ihm so schnell keiner nachmacht. Er hat schon die schönsten und verrücktesten Tore geschossen, wie auf den beiden Fotos gegen Eintracht Braun-

schweig bewiesen wird. Tore schießen ist des Müllers Lust. Er ist kein Besessener, wenn Konditionstraining ohne Ball auf dem Programm steht. Zu Torschußübungen aber kommt er gern eine Stunde früher oder legt Sonderschichten ein. Wir üben mit ihm alles, was ein Mittelstürmer beherrschen muß: an- und mitnehmen flacher, halbhoher und hoher Bälle auf engstem Raum und unter Bedrängnis von ein oder auch zwei Gegenspielern, dribbeln und täuschen, schießen und köpfen aus allen Lagen. Die Zeichnung zeigt eine Übungsmöglichkeit von vielen.

Gerd Müller ist der beste und

erfolgreichste Torjäger, den ich kenne. Der FC Bayern und die deutsche Nationalmannschaft verdanken ihm viel.

Ein Mittelstürmer muß mutig sein und wortlos einstecken können. Im Getümmel in der Mitte vor dem Tor geht es rauh zu. Das ist nichts für Angsthasen und Weichlinge. Dahin gehören ganze Männer, die sich den Schneid nicht abkaufen lassen. Mut ist überhaupt eine wichtige Eigenschaft für gute Fußballspieler. Feiglinge gewinnen keine Zweikämpfe oder Kopfballduelle und schießen keine Tore.

Fußball-regelrecht

Der Ball, die Zahl der Spieler, die Ausrüstung der Spieler

Der logische Aufbau des Regelwerks ist leicht verständlich. Mit dem Spielfeld fängt es an. Dann braucht man einen Ball. Die Spielerzahl muß gleich stark sein, und ihre Ausrüstung darf keiner Mannschaft unsportliche Vorteile verschaffen oder einen anderen Spieler gefährden. Der Ball ist kugelförmig, hat einen Umfang von 68–71 cm und wiegt 396–453 g. Auf Meereshöhe beträgt sein Luftdruck 1 kg/cm².

Die übliche Ausrüstung der Spieler besteht aus Hemd, kurzer Sporthose, Strümpfen und Schuhen. Der Torwart muß Sportkleidung tragen, die ihn in der Farbe von den anderen Spielern und vom Schiedsrichter unterscheidet.

Dazu kommen Bandagen, Schienbeinschoner, Torwarthandschuhe und außerdem – wenn notwendig – Knieschoner und Torwartmütze. Ausgebildete Übungsleiter beraten euch gern, und im Sportgeschäft am Ort könnt ihr alles kaufen, was dazugehört und vom Verein nicht gestellt wird.

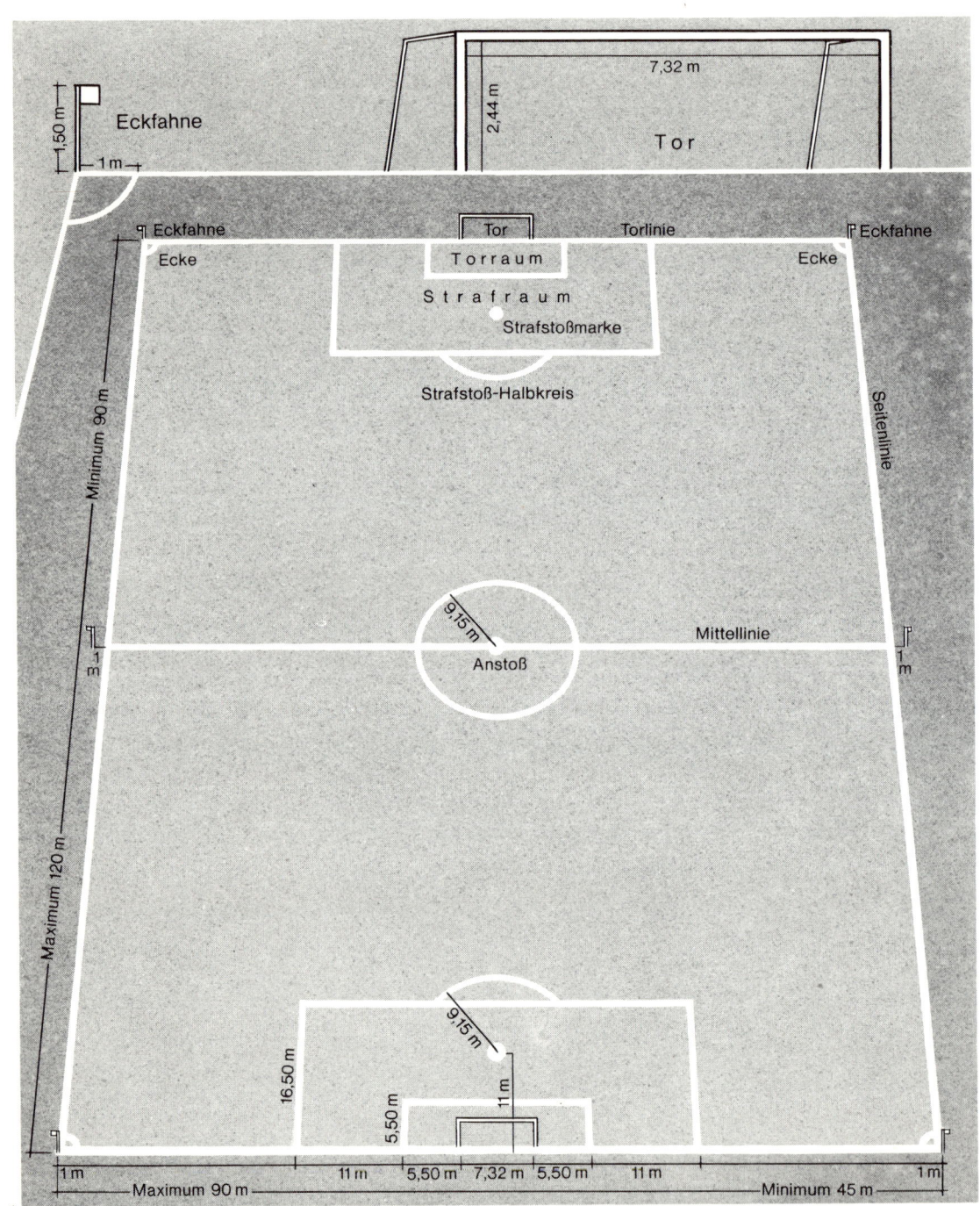

Eckfahne

1,50 m
1 m

7,32 m
2,44 m
Tor

Eckfahne
Ecke
Tor
Torraum
Torlinie
Strafraum
Strafstoßmarke
Strafstoß-Halbkreis
Eckfahne
Ecke
Minimum 90 m
Maximum 120 m
Seitenlinie
9,15 m
Mittellinie
Anstoß
1 m
1 m
16,50 m
9,15 m
5,50 m
11 m
1 m
11 m
5,50 m
7,32 m
5,50 m
11 m
1 m
Maximum 90 m
Minimum 45 m

Fußball-regelrecht

Das Spielfeld

Alle Kulturvölker haben Fußball gespielt: die Ägypter, Perser, Griechen, Römer, im fernen Asien die Chinesen und in Amerika die Inkas. Römische Legionäre mögen das Spiel nach Britannien gebracht haben. Dort wurde es 1350 verboten, weil es die Jugend von den »weit nützlicheren Übungen der Kriegskunst« abhielt. Seine Entwicklung jedoch war unaufhaltsam. 1862 wurden in Uppingham/England einheitliche Regeln beschlossen, 1863 der englische Fußballverband gegründet. Seit 1900 gibt es den Deutschen Fußball-Bund. 1904 wurde der Weltverband FIFA ins Leben gerufen. Die 1938 umgeschriebenen Regeln gelten heute in mehr als 140 Ländern, die der FIFA angeschlossen sind.

Das Spielfeld – Aufbau und Maße – muß dem aufgezeichneten Plan entsprechen. In internationalen Spielen soll die Länge nicht mehr als 110 m und nicht weniger als 100 m, die Breite nicht mehr als 75 m und nicht weniger als 64 m betragen. Die Linien gehören immer zu dem Raum, den sie begrenzen.

Der Schiedsrichter, die Linienrichter

Der Schiedsrichter hat den Spielregeln Geltung zu verschaffen und alle umstrittenen Punkte zu entscheiden. Von einer Strafe soll er absehen, wenn er davon überzeugt ist, daß sie der Mannschaft einen Vorteil verschaffen würde, die die Spielregeln verletzt hat.

Seine Entscheidungen über Tatsachen, die mit dem Spiel zusammenhängen, sind endgültig, soweit es um das Spielergebnis geht.

Er muß die Spielzeit kontrollieren und die volle oder vereinbarte Spieldauer einhalten. Durch Unglücksfälle oder aus anderen Gründen verlorengegangene Zeit muß er nachspielen lassen und

jeden Spieler vom Spielfeld weisen, der sich einer Tätlichkeit, eines schweren Foulspiels oder beleidigender oder schmähender Äußerungen schuldig gemacht hat. Ohne die Erlaubnis des Schiedsrichters darf niemand außer den Spielern und Linienrichtern das Spielfeld betreten.

Zwei Linienrichter haben die Aufgabe anzuzeigen, wann der Ball außerhalb des Spielfelds ist und welche Mannschaft zum Eckstoß, Abstoß oder Einwurf berechtigt ist. Sie sollen dem Schiedsrichter helfen, das Spiel in Übereinstimmung mit den Regeln zu leiten.

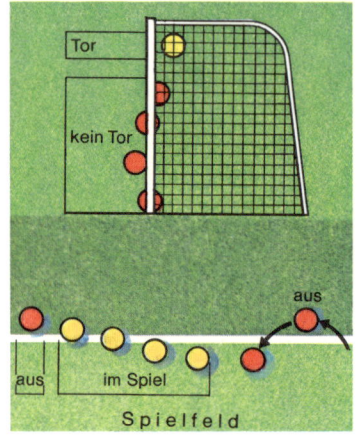

Anstoß

Spielfeld

Die Dauer des Spiels, der Spielbeginn, der Ball in und aus dem Spiel, wie ein Tor erzielt wird

Das Spiel besteht, wenn nichts anderes vereinbart wurde, aus zwei Spielhälften von je 45 Minuten Dauer.

Vor Spielbeginn wird mit einer Münze um die Spiel-feldhälfte und den Anstoß gelost. Die Mannschaft, die das Los gewonnen hat, kann die Spielfeldhälfte oder den Anstoß wählen.

Aus einem Anstoß (englisch kick-off) kann ein Tor nicht direkt erzielt werden.
Nach einem Torerfolg und nach der Halbzeit wird das Spiel in gleicher Weise fort-gesetzt.

Außerdem gibt es noch den Schiedsrichterball, wenn der Unparteiische so entscheidet. Der Ball ist aus dem Spiel, wenn er entweder auf dem Boden oder in der Luft die Tor- oder Seitenlinie *ganz* überquert hat oder wenn das Spiel durch den Schieds-richter unterbrochen wurde. Zu jeder anderen Zeit von Spielbeginn bis -ende ist der Ball im Spiel.

Ein Tor ist erzielt, wenn der Ball die Torlinie zwischen den Torpfosten und unter der Querlatte *vollständig* überquert hat.

Abseits

Ein Spieler ist abseits (off-side) wenn er im Augenblick, in dem der Ball gespielt wird, der gegnerischen Torlinie näher

Abseits

Fußball-regelrecht

ist als der Ball, ausgenommen: Der Spieler befindet sich in seiner eigenen Spielfeldhälfte; zwei Spieler der gegnerischen Mannschaft sind ihrer Tor- linie näher als er; der Ball wurde zuletzt von einem Gegner berührt oder gespielt; er bekommt den Ball direkt von einem Abstoß, Eckstoß, Einwurf oder Schiedsrichter- ball.

Entscheidend ist also der Augenblick der Ballabgabe und nicht etwa der Ballan- nahme. Darauf müssen Spieler, Linienrichter und Schiedsrichter achten.

Verbotenes Spiel und unsportliches Betragen

Ein Spieler, der absichtlich einen der folgenden neun Verstöße begeht, wird mit einem direkten Freistoß oder, innerhalb des Straf- raums, mit einem Strafstoß bestraft:

1. Einen Gegner tritt oder versucht, ihn zu treten;

2. einem Gegner das Bein stellt oder versucht, ihn zu Fall zu bringen;

3. einen Gegner anspringt;

4. einen Gegner in heftiger oder gefährlicher Weise rempelt;

5. einen Gegner von hinten rempelt, ohne daß der ihn behindert . . .

. . . und so ist rempeln erlaubt: im Kampf um den Ball, von der Seite, Schulter gegen Schulter, mit angelegten Armen.

6. einen Gegner schlägt oder
versucht, ihn zu schlagen;

7. einen gegnerischen Spieler
festhält;

8. einen gegnerischen Spieler
stößt;

9. den Ball mit der Hand spielt.

Außerdem entscheidet die Regel 12 darüber, wann der Schiedsrichter einen indirekten Freistoß verhängen, den Spieler mit der gelben Karte verwarnen oder ihn mit der roten des Feldes verweisen muß.

Der Freistoß, der Strafstoß

weniger als 9,15 m

Indirekter Freistoß

Beim direkten Freistoß und beim indirekten Freistoß (indirect freekick), aus dem ein Tor erzielt werden kann, wenn der Ball vorher von einem zweiten Spieler gespielt wurde, müssen die Gegenspieler 9,15 m vom Ball entfernt sein. Anders ist es beim indirekten Freistoß im Strafraum, wie unsere Zeichnung zeigt. – Beim Strafstoß (penalty) müssen außer dem Schützen und dem Torwart alle anderen Spieler innerhalb des Spielfeldes, außerhalb des Strafraums und mindestens 9,15 m von der Strafstoßmarke entfernt sein, bis der Ball im Spiel ist. Der Torwart muß auf seiner Torlinie stehen, ohne seine Füße zu bewegen, bis der Ball gestoßen ist.

Strafstoß

Fußball-regelrecht

Der Einwurf, der Abstoß, der Eckstoß

Der einwerfende Spieler muß im Augenblick des Einwurfs (throw-in) das Gesicht dem Spielfeld zuwenden und mit beiden Füßen auf der Seitenlinie oder außerhalb des Spielfelds stehen. Der Ball wird mit beiden Händen von hinten über den Kopf ins Spielfeld geworfen.

Einwurf

Beim Abstoß (goal-kick) muß der Ball den Strafraum verlassen, um im Spiel zu sein. Geschieht das nicht, wird der Abstoß wiederholt. Alle gegnerischen Spieler müssen bis zur Ausführung des Abstoßes außerhalb des Strafraums bleiben. Aus einem Abstoß darf ein Tor nicht direkt erzielt werden.

Abstoß

Aus einem Eckstoß (corner) dagegen kann ein Tor direkt erzielt werden. Der Ball muß innerhalb des Viertelkreises an der Eckfahne liegen. Die Spieler der verteidigenden Mannschaft dürfen nicht näher als 9,15 m an den Ball herankommen. Der ausführende Spieler darf den Ball nicht ein zweites Mal spielen, bevor ihn ein anderer berührt hat.

Eckball

Abseitsfalle

List der Abwehrspieler vorzu-
laufen, um die gegnerischen
Stürmer abseitszustellen.

Bundesliga

Oberste Spielklasse des
Deutschen Fußball-Bundes,
gegründet 1963. Die Bundes-
ligaspieler sind bezahlte
Lizenzspieler.

Cup-Spiele

Englische Bezeichnung für
Pokalwettbewerbe, z. B.
Europa-Cup.

DFB

Deutscher Fußball-Bund, gegründet 1900, Sitz in
Frankfurt.

Ecke

Fachausdruck für den in der
Fußballregel 17 behandelten
Eckstoß.

Europameisterschaft

Von der UEFA alle vier Jahre
veranstalteter Wettbewerb
der Nationalmannschaften.

Elfmeterschießen

Die Ausschreibung eines
Wettbewerbs kann die Spiel-
entscheidung durch Elfmeterschießen vorsehen, wenn in
der Spielzeit und auch in der
Verlängerung keine Entscheidung gefallen ist.

Fehlpaß

Zuspiel, das den Mitspieler
verfehlt und vom Gegner abgefangen wird oder ins Aus
geht.

FIFA

Fédération Internationale de
Football Association, der
Weltfußballverband, gegrün-
det 1904, Sitz in Zürich.

Flutlicht

Künstliche Spielfeldbeleuch-
tung für Wettspiele bei
Dunkelheit.

Foot

Englisches Längenmaß. 1 ft
$\doteq$ 30,48 cm; spielt im Fußball
eine Rolle. Das Fußballtor ist
8 ft = 2,44 m hoch und
24 ft = 7,32 m breit.

Foul

Englische Bezeichnung für
verbotenes Spiel, in der Fußballregel 12 behandelt.

Gleiche Höhe

Fußballregel 11 entscheidet
über Abseits: Der Angreifer,
der im Moment der Ballab-
gabe mit dem vorletzten Abwehrspieler auf gleicher
Höhe steht, ist abseits.

Goalgetter

Englische Bezeichnung für
Torjäger.

Halbzeit

Die Halbzeitpause soll 5 Minuten nicht überschreiten,
außer mit Zustimmung des
Schiedsrichters.

Inch

Englisches Längenmaß. 1 inch
= 2,54 cm. Der Umfang des
Fußballs beträgt 27–28 inch,
also 68–71 cm.

International Board

Weltregelbehörde der FIFA,
die für die Weiterentwicklung
der Fußballregeln verant-
wortlich ist.

Jugendfußball

Die Jugendordnung des DFB
teilt die Jugendmannschaften
in Altersklassen ein. Die
Spieldauer richtet sich nach
der Altersgruppe.

Konter

Blitzschneller Gegenangriff.

Libero

Italienisch. Freier Mann in
der Abwehr.

Markieren

Einen Gegenspieler decken.

Nachspielzeit

Der Schiedsrichter soll durch
Unfall oder aus anderen
Gründen verlorene Zeit
nachspielen lassen.

Fußball-ABC

Ounze
Englische Gewichtseinheit.
1 oz = 28,35 g. Der Fußball
wiegt 14–16 oz, also
394–453 g.

Pfosten
Die Torpfosten und die Querlatte können quadratisch,
rechteckig, rund, halbrund
oder elliptisch sein, aus Holz
oder Metall, und dürfen nicht
weniger als 10 cm und höch-
stens 12 cm breit und tief sein.

Platzverweis
Spieler, die sich grob unsportlich betragen, roh spielen,
beleidigende Äußerungen ge-
brauchen oder sich nach einer
Verwarnung weiterhin un-
sportlich benehmen, werden
vom Schiedsrichter mit der
roten Karte des Feldes ver-
wiesen.

Qualifikation
Ausscheidungsspiele für die
Teilnahme an bestimmten
Wettbewerben, z.B. Olym-
pisches Fußballturnier.

Reservebank
Neben den elf Spielern gehören fünf Auswechselspieler
zu jeder Mannschaft, von
denen zwei während eines
Spiels eingewechselt werden
dürfen. Außerdem sitzen
Trainer und Mannschaftsbe-
treuer auf der Reservebank.

Sliding Tackle
Englischer Fachausdruck für
das erlaubte Reingrätschen
gegen den Ball.

System
Ordnung der zehn Feld-
spieler auf dem Spielfeld nach
Abwehr-, Mittelfeld- und
Angriffsspielern, z.B. 4-3-3-
System.

Tabelle
Aufstellung der Mannschaf-
ten einer Spielklasse in der
Reihenfolge der errungenen
Punkte und erzielten Tore.

UEFA
Union of European Football
Associations, der Europäische
Fußballverband, gegründet
1954, Sitz in Bern.

Verlängerung
Pokalspiele werden bei unent-
schiedenem Ausgang nach
90 Minuten um zweimal
15 Minuten verlängert.

Verwarnung
Spieler, die wiederholt gegen
die Spielregeln verstoßen,
durch Worte oder Gesten die
Schiedsrichterentscheidung
ablehnen oder sich sonst
unsportlich betragen, werden
vom Schiedsrichter mit der
gelben Karte verwarnt.

Weltmeisterschaft
Von der FIFA alle vier Jahre
veranstalteter Wettbewerb
der Nationalmannschaften.

Weltpokal
Inoffizieller Wettbewerb der
besten europäischen gegen
die beste südamerikanische
Clubmannschaft.

X-Beine
Kein Nachteil für gute Fußballspieler. Es hat Weltklasse-
spieler mit X- oder O- oder
kerzengeraden Beinen
gegeben.

Yard
Englisches Längenmaß.
1 yd = 3 feet à 12 inches =
0,915 m.
Torraum: 6 yd = 5,50 m;
Strafstoßmarke:
12 yd = 11 m;
Strafraum: 18 yd = 16,50 m;
Abstand der Spieler vom Ball:
10 yd = 9,15 m.

Zeitnahme
Liegt allein in der Verant-
wortung des Schiedsrichters.

**Das war's von A–Z
und nun viel Spaß**

**Euer
Franz Beckenbauer**